前言

　　大家對自己很了解嗎？能自信地回答「是」的人應該不多，原因就像俗話說的「畫虎畫皮難畫骨」一樣，想了解自己的內心也很困難。我們或許回答得出自己喜歡吃什麼、一百公尺跑幾秒、最好的朋友是誰，但要回答自己生氣時是什麼表情、什麼時候最孤單寂寞、長大以後想成為什麼樣的人就很困難。

　　了解自我的過程對一個人的生活十分重要，因為有深度的自我探索可以讓一個懷抱夢想的孩子盡情成長。透過像這樣的自我理解過程，不僅能幫助孩子了解自己是什麼樣的人，也提供了一條學會愛自己的捷徑。

　　身體的成長並不代表心靈也同時成長，所以必須透過不斷的努力和練習來拓展我們的心靈。只有在探索自我和世界的過程中，我們的心靈才得以成長。所以花點時間仔細觀察自己的內心，看看裡面有些什麼吧，你會感覺到自己的心靈正在不停地成長。

《為什麼我們會這麼做？》是針對不擅於處理自己和他人的情感與想法的孩子們所製作的心理諮商書。透過在日常生活中所面臨的各種煩惱，培養孩子們面對真實自我的勇氣。

不一定要按照順序閱讀，可以從自己較為好奇的部分開始讀起。當你學會了探究內心的方法以後，就可以擁有更寬容的同理心和更開闊的視野。

好，那麼現在就來探索我們隱藏在深處的心靈吧！

目次

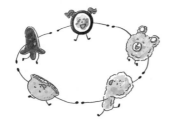

第1章
人為什麼會做出不良行為？

順子的故事

伴隨著一陣吵鬧聲，孩子們紛紛湧出了教室。彷彿被海浪猛推了一把似地惠元被擠到走廊上來。她看了看四周，遠處早已放學的朋友們正揮著手。惠元衝向像浮標一樣浮在半空中的手掌，秀珍和妍書各自從兩側挽住她的手臂。

「我昨天拿到零用錢了，要不要去吃辣炒年糕？」

「真的嗎？那惠元妳請客喔？」

「那當然！」

「太棒了！午餐難吃死了，這下正好。」

走廊嘈雜得像市場一樣，「要一起去網咖的人舉手！」「老師都還沒宣布放學，你就想跑？」「有沒有人看到我的鉛筆盒？」雜七雜八的聲音像躲避球一樣到處亂竄。三個人身在其中，怕聽不到彼此的聲音，還把頭湊在一起說話。就在這時，惠元突然覺得少了點什麼似地四處張望。

「咦，順子去哪裡了？」

順子、惠元、妍書、秀珍在學校裡被稱為四劍客，因為她們從小學一年級認識以後，到現在都從來沒有分開過。雖然不同班的次數多於同班，但四個人約好了下課都要一起回家。今年她們說好了要在經常很晚才宣布放學的惠元他們班教室前面集合，可是現在不知道為什麼不見順子蹤影。

「啊，對了！順子說今天輪到她負責打掃，會晚一點結束。」

妍書用手掌啪地拍了一下自己的額頭說。原本想走樓梯下樓的三個人轉身朝著順子的教室走過去。

大概是因為老師早已宣布放學，所以教室裡冷冷清清的。
惠元打開窗戶，探頭進去。

被叫到名字的順子馬上回頭看，一見到倚在窗邊的好朋友
們，順子的臉上揚起了笑容。順子跑到窗口邊，高興得又蹦又
跳。

「妳們已經宣布放學啦？」
「嗯，稍早前。順子妳還沒好呀？」

惠元才剛回答完，妍書就迫不及待地從窗戶縫隙裡探出頭
來。

「惠元說她拿到零用錢了，今天請吃辣炒年糕～」
「什麼？真的嗎？辣炒年糕耶，一定很好吃！」

小學後門正對面的「出了名辣炒年糕」是四個人的祕密基地，只要付2000韓元就可以吃到可餵飽四個人的兩人份辣炒年糕，還附贈魚板湯和煎餃。想到好久沒吃辣炒年糕了，順子忍不住吞了一口口水，但表情卻在一瞬間暗了下來。

　　「可是……我今天可能沒辦法去了。」

　　晴天霹靂的一句話讓三人的表情也跟著沉了下來。順子明明最愛辣炒年糕的，這是怎麼回事呀？妍書好奇地問為什麼，順子長長地嘆了一口氣回答說：

　　「因為這週輪到我負責打掃，我得去倒垃圾……。」

　　聽了順子的話，妍書的嘴嘟了起來。因為她們會將店家附贈的兩粒煎餃平均地切成兩半，剛好每人吃一半。如果順子不去的話，她們一定會爭搶剩下來的那一半的。在偶數組合的四劍客世界裡，奇數總是讓人頭疼。

　　「垃圾倒一下就可以回來了，不是嗎？」
　　「我原本也這麼想……。」

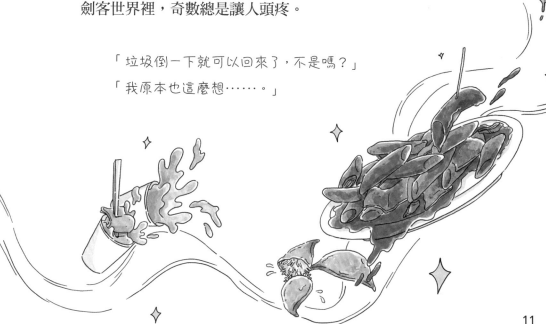

妍書這麼一問，順子就指著一個地方回答。三人從窗戶外用力地探頭進去張望，一看到隱藏在那後面的教室光景，三人都驚訝地張大了嘴。垃圾桶被塞得滿滿的，旁邊也被滿出來的垃圾弄得一片狼藉。

　　「看到了吧？全部清理乾淨要花好一陣子呢！妳們自己去好好吃一頓吧。」

　　「就算是這樣，也不能只有我們去呀！」

　　「難道不可以旁邊稍微清理一下就走人嗎？反正過不了多久又會變髒。」

　　對呀，對呀，反正也沒人會知道。秀珍也點點頭，像是贊同妍書的話。隨著秀珍點頭的動作，順子心裡也微微動搖。正如妍書所說的，即使只是大致清理一下垃圾桶，應該也不會有什麼問題，因為自從開學以來，一直都是這種雜亂的狀態。

再說，到了明天又會堆積如山，再怎麼努力清理也沒完沒了。但是這樣放著不管就走，良心上有點過意不去……。就在順子心裡搖擺不定的時候，惠元開口說：

「哎，老師叫妳做的事情，不能隨便忽略呀！不然我們一起幫忙吧？一起做的話，很快就會做完的。」

順子正想回說「那真是太感謝了！」，卻又把話吞了回去，因為她看到秀珍的臉上露出為難的表情。

「那個，不好意思，我可能沒辦法幫忙，吃完飯我就得馬上去補習班上課……。」

大家一起打掃固然是件好事，不僅很快就可以清理完畢，還能順便一起聊聊天，時間一下子就過去了。但是，也不能因此就強迫朋友們幫忙打掃，順子沒有權利這麼要求。最後，順子選擇了打消這個念頭，都已經這麼晚了，趕緊開始清理才是上策。

　　「是呀，妳們大家都忙，趕緊走吧，我來回多走幾趟很快就能清理完！」

　　順子努力露出開朗的笑容，但惠元看懂了順子的表情，心裡有點過意不去。即使只有她自己一個人，惠元也想要留下來幫忙順子，可是都已經跟秀珍和妍書說好今天請吃辣炒年糕了，不能說話不算話。

　　最後，一向四人同行的「出了名辣炒年糕」之行，這次就以三人同行的形式告一段落。三個人協議把會造成問題的兩粒煎餃各分成三等分，一人各吃兩塊。問題一解決，秀珍和妍書就各自挽起惠元的一隻手臂，被包夾在中間的惠元只好用晃頭來代替揮手。

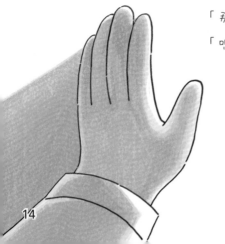

「那，那明天見喔，順子！」
「嗯，好好享用辣炒年糕！」

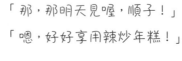

喋喋不休的朋友們一離開，教室裡的氣氛就變得很壓抑。順子望著垃圾桶，嘆了好大的一口氣。看看這垃圾量，估計至少得在教室和垃圾分類回收場之間來回跑三、四趟才行。

「唉……真是太糟糕了，這些什麼時候才清理得完？」

雖然很有自信地跟朋友們說一下子就可以清理完畢，但順子卻感到很茫然。從教室走到分類回收場來回至少要十分鐘。重複四次的話，就要四十分鐘。如果有朋友們一起幫忙的話，不用多久就能結束……。順子不斷重複毫無意義的想像，因為放在眼前的現實簡直就跟地獄沒兩樣。

順子以決然的態度站在垃圾桶前面，心裡想著如果要減少來回的趟數，就只能盡量把垃圾袋塞得滿滿的，於是便把腳伸進垃圾桶裡用力踩。就在占空間的盒子和紙張體積快速縮減的時候。

「哇，什麼呀！」

襪子的前端慢慢染上橙色。順子抽出腳，仔細看了看垃圾袋裡面，橙色液體正快速地浸濕用過的衛生紙，看來肯定是有人把沒喝完的飲料直接丟在垃圾桶裡了。順子低頭看著濕答答的腳尖，怒氣一下子就衝了上來。

「真是的，為什麼把垃圾丟在地板上？為什麼不做好垃圾分類？」

「就是說呀！」

聽到背後傳來的回應，順子轉過頭一看，原來是芯理坐在那裡，打著哈欠的芯理在和順子四目相接時露出了微微的笑容。她什麼時候坐在那裡的？順子驚訝地問：

「唉唷，怎麼回事？芯理妳怎麼還沒回家？」

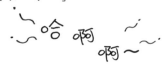

芯理兩隻手臂直直地伸向半空中，伸了一個懶腰。這模樣顯得太悠閒了，順子奇妙地感覺自己的焦躁一下子消失了。

「我睡著了，睡到過了放學時間都不知道。什麼呀？都沒有人來叫醒我，大家都跑光了。」

「妳就因為睡覺，到現在還沒回家？這麼一看，妳也真是個怪咖！」

順子將頭轉回來重新看向垃圾桶。哎呀，真是的，現在不是和芯理開玩笑的時候，得趕緊清理好才行。但看到濕透的襪子和堆積如山的垃圾，她就完全失去了動力。順子把手伸進垃圾桶裡面，拿出一個癟掉的飲料鋁箔包，橙色液體從插著的塑膠吸管唰唰地噴出來。

順子一把抽出吸管，扔進寫有「塑膠」字樣的垃圾桶裡。接著拉開捲筒衛生紙撕下來，擦拭濕答答的手和教室地板。噁心的感覺讓順子很想吐，就算勉強壓了下去，還是有什麼東西一直湧上來。順子把手上的一團衛生紙扔進垃圾桶裡，嘆了口氣說。

芯理呀，人天生就這麼惡劣嗎？

順子的問題讓睡眼惺忪的芯理猛然睜開雙眼來。在連日光燈都關掉了的昏暗的教室裡，芯理漂亮的眼眸閃閃發亮。

「嗯？妳怎麼會這麼問？」
「沒什麼……就突然有感而發。明明垃圾桶就在旁邊，還硬要把垃圾丟在地上，也不分類就隨便亂扔垃圾，這難道不是因為人很惡劣嗎？」

順子平時也常常這樣想，因為明明已經有規定了，同學們卻總是不遵守。

插隊或在樓梯上奔跑是司空見慣的事情，也有很多同學會故意欺負身體虛弱的同學或對老師說謊，還有一些同學會把髒話掛在嘴上，不用人教，自己就會做出惡言惡行，彷彿天生就是那樣的人似的。

　　「人如果天性善良，就不會做這種事情，即便是在沒有向父母或老師學習的情況下。」
　　「嗯，這真是一個了不起的問題！」

　　歪坐在椅子上的芯理搖晃著腳踝，蹲在垃圾桶前面的順子抬頭看了看芯理。不知道是出於什麼心態，芯理顯出一副興致勃勃的表情。

　　「了不起？」

　　芯理點了點頭回應順子的反問。

　　「是呀，因為這個問題是過去幾個世紀以來哲學家和藝術家們一直在思考的問題。」

金芯理的心理諮商室

什麼是性善說和性惡說?

孟子主張的人性本善被稱為性善說,
荀子主張的人性本惡被稱為性惡說,
這些主張至今仍眾說紛紜。

人是善良的,還是邪惡的呢?

這個故事始於距今2500年前的春秋戰國時代,
當時戰爭頻繁,各國之間不停地交戰。

人們為了結束漫長又枯燥的戰爭，一直在尋找
各種解決辦法，在這過程中遇到了一個問題。

面對從來沒有想過的問題，人們感到很苦惱，結果就分裂為兩派──相信人原本就是善良的一派

性善說

性惡說

和不這麼認為的一派。

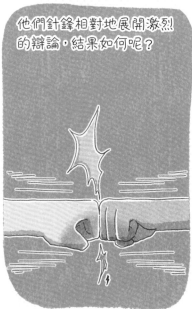

他們針鋒相對地展開激烈的辯論，結果如何呢？

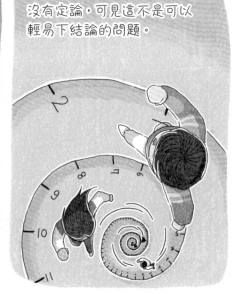

即使過了2500年，直到現在也沒有定論，可見這不是可以輕易下結論的問題。

隨著時間的流逝，原本簡單分為兩派的人再度分分合合，又開始分裂成好幾個派別。

性善說
請往這邊走！

性惡說
在這裡！

在這個過程中出現了新的理論——性無善惡說。

MENU
．性善說
．性惡說

NEW 性無善惡說

人出生時不是只有一個本性。

也就是說，人會受到周圍環境的影響，做出好或壞的行為。

「就像那些不把垃圾扔在垃圾桶裡，而是隨手扔在旁邊就走的人一樣。」

「垃圾和人的本性有什麼關係？」

順子歪著頭問。一晃眼，芯理身上穿著不知道是從哪拿來的醫師白袍站在了黑板前面。順子盯著黑板看，那上面貼了幾張照片，芯理用長棒子指著乾淨的垃圾桶照片說：

「如果垃圾桶周圍乾淨的話，那就很難把垃圾扔在地板上，因為自己做的壞事馬上會露餡。」

說完這句話之後，芯理接著就指向骯髒的垃圾桶照片。

「但是如果已經被弄得一團髒亂的話，那就不同了，對吧？因為會讓人產生『多我一個又怎樣！』的想法。反正垃圾已經堆積如山了，人們會因此減少罪惡感，也更容易做出不良行為。」

芯理的話很有道理，順子想起幾個月前自己有過的類似經驗。

「仔細想想，我也做過那種事情。在圖書館看完書正想離開的時候，看到書架上亂七八糟的，所以我也沒把書放回原位，隨便堆在上面就走了。雖然我不是故意要把圖書館弄得亂糟糟的，但不知不覺間就那麼做了。」

「沒錯，放著這種小問題不管的話，最後一定會出現大問題的。」

芯理滴溜溜地轉著手上的棒子，順子還在想光滑的棒子會不會從芯理手中咻地飛出窗外時，就聽到「匡噹」一聲。芯理和順子躲到窗簾後面往窗外看。體育老師大喊：「哪個傢伙往窗外丟東西！」芯理臉上露出「完蛋了！」的表情，小聲地說：

「這種現象被稱為『破窗效應』。」
「破窗效應？」

金芯理的心理諮商室

什麼是路西法效應？

路西法是聖經裡撒旦首領的名字，
路西法效應是一個心理學術語，意思是善良的人
也可能隨著周圍環境或特定情況犯下惡行。

這是美國心理學系教授菲利普·津巴多提出的理論。

津巴多

對人性深感興趣的津巴多教授進行了一項實驗。

得探討一下更接近哪一邊。

善　惡

本性

把一輛完好無損的車和另一輛玻璃窗破裂的車放置一週。

一週後觀察到的實驗結果令人十分驚訝。

週日　週一　週五　週四

完好無損的那輛車還維持著和原先一樣的狀態，但玻璃窗破裂的另一輛車零件缺失，到處都呈現破損更嚴重的狀態。

也就是說，這輛車被認為是報廢車，因此成了犯罪的目標。

這車被搶了嗎？管他的，撿一撿拿去賣了。

這項「破窗實驗」結束之後，津巴多教授才發現環境會影響人類行為，於是開始了正式的研究。

真是驚人呀，太驚人了！

十年的研究一眨眼就過去了，最後他將這種現象定義為「路西法效應」。為什麼要叫路西法呢？

我想把這個現象定義為「路西法效應」。

從前從前，有一位名叫「路西法」的天使反叛了上帝，最後就被逐出天堂。曾經是最偉大、最美好的天使，卻因為一時的過錯變成了惡魔，從此以後「路西法」就成為了墮落的象徵。

因此「路西法效應」指的是一個人無論本性多麼善良，也隨時有可能受到環境的影響變壞。

27

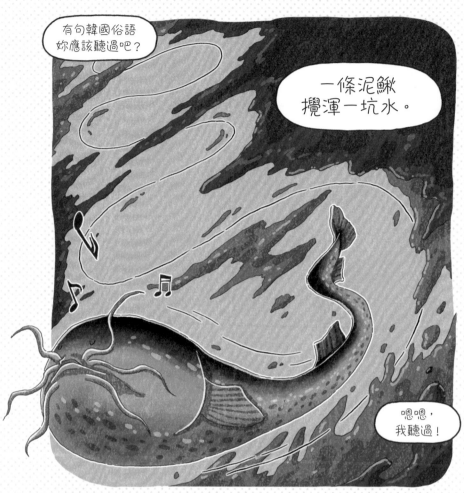

順子想起了美術課上看到的場景。已經弄髒的洗筆水桶裡，無論滲入什麼顏色都無法顯出美麗的色澤。就像被吸入黑洞裡的星星一樣，汙水只會一直是汙水。

「我以為垃圾桶周圍變得一團糟，是因為我們班同學很壞……原來不一定是這樣！」

順子回頭看了看，垃圾桶的上方感覺空蕩蕩的，如果那位置上有「那個」的話……。

「大家似乎都認為可以隨地亂扔垃圾，因為我們班垃圾桶周圍沒有貼任何警示標語。」
「是呀，不一定是禮儀，而是環境造就了一個人。」

芯理像模仿電影裡的主角一樣，語氣鄭重地說。為什麼說環境造就人？順子像在吃著多筋的肉一樣再三咀嚼這句話。已經弄髒的教室看起來就像在低語著「再髒一點也沒關係！」似的，也可以說，這些支配腦袋的想法助長了不良行為。

「如果順子妳沒有清理這個垃圾桶，而是跑去吃辣炒年糕的話，結果會怎麼樣呢？」

對於芯理的質疑，順子猶豫了一下才開口。

「嗯……也許會變成垃圾場吧？因為大家會以為垃圾隨便亂丟也沒關係。」

順子在腦海裡想像了一下那副情景，本來就已經髒亂不堪的教室變得和垃圾場沒兩樣，擤過鼻涕的衛生紙、吃光的餅乾包裝袋、沒喝完的飲料鋁箔包都朝著教室地板，而不是垃圾桶扔。大家都因為惡臭露出難看的表情，卻沒有任何一個人上前清理。因為大家都認為反正教室已經髒亂不堪了，再多添一件垃圾也沒什麼大不了的。

「那麼反過來，如果清理得乾乾淨淨的話，會發生什麼事情呢？妳想像過嗎？」

順子乾淨俐落地抹去剛才在腦子裡的畫面，然後開始想像新的場景。在空氣清新的乾淨教室裡，大家都露出愉快的表情。這時，如果有人把垃圾扔在地板上……。

「我想大家都會很小心，因為有誰故意亂丟垃圾的話，一下子就會被發現。」

金芯理的心理諮商室

什麼是環境對犯罪造成的影響？

環境對一個人的行為有很大的影響，
事實上，犯罪發生的機率，冬天多於夏天，
夜晚多於白天，髒亂的場所多於乾淨的場所。

在紐約就實際發生過類似的事情。

1990 年代的紐約犯罪率居高不下。

小偷呀～！

救命呀！

喂！別多管閒事！

這個城市幾乎每天都會發生大大小小的犯罪事件。為了將紐約打造成適合居住的城市，人們苦思冥想，終於想出一個方法。

犯罪率

沒有一天不加班……
得想個辦法才行。

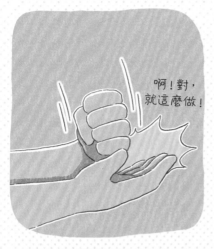

啊！對，
就這麼做！

那就是清除掉紐約地鐵裡
無處不在的塗鴉計畫。

把這些都清除乾淨。

那麼，僅僅清除塗鴉能有什麼用呢？

清除這些東西
有什麼意義……
還不如多抓
一個壞人。

當時有很多人都這麼想，
但是在一點一點清除掉
塗鴉的五年之間，紐約的
犯罪率減少了足足80%。

今天也準時
下班吧！

不只是闖紅燈、亂丟垃圾
之類的小罪，

太重了，放著別帶出去吧！
也沒人會闖紅燈～

就連搶劫或殺人等重大刑案也大幅減少。

真無聊……就沒有新人要進來嗎？

骯髒的城市外觀開始變得乾淨起來，

禁止塗鴉！給我站住！

紐約是座整潔有序的城市的想法逐漸烙印在人們腦海中。

紐約真的是最棒的城市！

正因為這樣，犯罪者也不敢輕舉妄動。

嗚嗚……這樣我就不能隨便出去了……

所以，與其因為是小問題就置之不理，不如馬上解決更好吧？

唉……這種程度就算了。

因為放任不管反而有可能招來更嚴重的危機。

我一時沒注意！

我們都學過1＋1＝2，如果按照路西法效應的話，
計算方式就不一樣了。

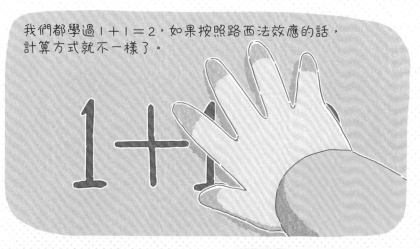

100減1，結果不是99，
而是0。

$$100-1=0$$

意思就是，某個地方發生的
一件小失誤會毀掉一切。

就像第一個把
垃圾扔在地上
的人一樣！

因此，為了遏阻路西法效應，個人的努力是最重要的。
不能被自己所屬群體的氣氛所影響，我們需要的是依著自己的
道德和良心而定的處事態度。

不，我要
逆流而上！

我們要
隨波逐流！

「原來如此，自己的道德和良心呀……。」

　　「不能因為教室很髒，我就跟著一起把它弄得髒兮兮的！」的想法和「才不是呢，別的同學都這麼做，為什麼我不行？」的想法在腦海裡輪番上陣。順子試著把手放在胸口，聽著像節拍器一樣發出噠噠噠噠的心跳聲。一靜下來傾聽良心，決心就像雜草隨風搖擺一般，全部傾向一側。

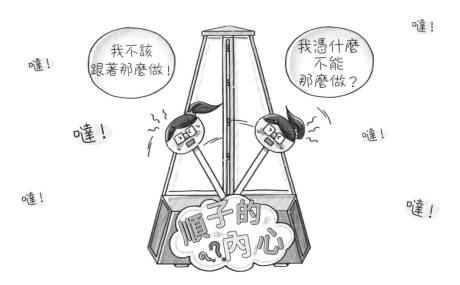

　　「是啊，雖然有點討厭，但如果連我也跟著忽視的話，我們教室就會變成一團糟。如果能把教室清理乾淨的話，我們班同學的態度也會改變吧！」

　　順子用力握緊拳頭，如果說環境造就一個人，那只要自己讓環境變好不就得了！順子滿懷期待，希望一個小小的行動可以改變同學們的態度。

「我要把我們班改造成最乾淨的班!」

心滿意足地望著順子的芯理「哈呀!」地張大嘴,似乎還沒睡飽的睡意又再度襲來。今天的諮商到此為止,該回家了吧?正要收拾書包時,順子突然跑到芯理面前。

「芯理,妳也會幫我的,對吧?」
「啊?我、我也要幫忙嗎?」

芯理低下頭看著自己被順子握住的手腕,順子小巧結實的手好像在說「妳當然要幫忙!」似的。最後,芯理只能無可奈何地點點頭。兩個人開始有條不紊地行動,芯理把垃圾分類放置之後,順子就把塞得滿滿的垃圾袋扔到分類回收場去。收拾好散落在地板上的垃圾之後,再把殘留的灰塵掃一掃,教室就變得讓人幾乎認不出來了。看著教室明顯變乾淨的景象,順子和芯理的臉上都洋溢著笑容。

「呼,還好比想像中更快結束,因為是兩個人一起做才這麼快的吧?」
「是呀,我還以為這麼多的垃圾是不是要清理到明天早上呢!」

芯理使勁地伸展疲累的身體,感覺全身散發著一股酸臭味,就像進出了垃圾桶一趟似的。現在打掃也打掃完了,芯理急急忙忙地準備要回家的時候,順子卻揮了揮手。

「啊，等一下！我還有一件事要做。」
「什麼事？」

順子從書桌抽屜裡拿出一張紙，然後用粗粗的麥克筆開始寫起字來。芯理默默地從後方望著她的身影。

「要事先防範，以免再有同樣的事情發生。」

順子把紙牢牢地貼在垃圾桶前面，紙上寫著「垃圾扔在垃圾桶裡！一起愛惜我們的教室！」，旁邊還畫上兩三個恐怖的骷髏圖案。

「叩叩叩！」

過了幾個月以後，有人敲響了「金芯理的心理諮商室」大門。老舊的倉庫門打開來，探頭進來的人正是順子。

「啊，原來是順子！有什麼事嗎？有什麼事情要諮詢嗎？」

芯理從座位上猛然站了起來詢問。順子笑了笑，什麼話都沒有說，只是慢慢地走到芯理面前，把藏在背後的東西往前遞給芯理看。

「這什麼呀？⋯⋯
哇，是年度模範兒童獎耶？」

年度模範兒童獎是完全靠推薦才能獲得的，順子他們班的同學們說多虧了順子，教室的空氣變得清新，環境也乾淨多了，所以大家都推薦順子為「年度模範兒童」。

「託妳的福，我被選為下學期的衛生股長，還得到了年度模範兒童獎。」
「說什麼託我的福，是因為順子妳傾聽了良心的話才有了這種好事。」

順子笑著用指尖掃過「年度模範兒童獎」這幾個字，一副感慨萬千的表情。順子覺得環境造就一個人這句話確實不假，只因為被貼上了「模範兒童」這個標籤，自己就真的想成為「足以成為他人典範的兒童」，連走路的姿勢也很注意。

　　「我明白了一個道理，做善事不容易，但做完之後會得到成倍的滿足和快樂。我呢，以後不管別人怎麼做，我都要聽從良心的話。」
　　「哇，這下換我該向妳學習了！」
　　「真的嗎？那今天也一起打掃吧？」
　　「啊，不行！我絕對不要！」

　　芯理臉色發白，一溜煙地跑掉了。追在她身後嚷著「開玩笑，開玩笑的啦！」的順子背上，長出了一對小小的翅膀。

第2章
交朋友好難喔！

　　那天似乎是一個綠色和藍色爭奇鬥豔的日子，燦爛的陽光下樹木翁翁鬱鬱，一朵朵的白雲彷彿在給藍天讓位似地快速飛過。這是一個即使靜坐不動，也會開懷大笑的日子。小朋友們聚集在像氣球一樣圓滾滾的山丘上，不知道是不是被「郊遊」這兩個字給迷住了，每個人的臉蛋都紅通通的。

「要擺什麼姿勢？」
「這個怎樣？手臂這樣伸出來擺愛心。」
「喔，這個好！那我蹲前面。」

　　小朋友們開始合攏手臂擺出愛心的模樣，立在稍遠處的手機開始倒數計時，然後喀嚓一聲。一拍完照，小朋友們頭碰頭圍成一圈，看著彼此照出來的模樣嘎嘎大笑，又反覆地重新排隊站好。

坐在遠處的小愛靜靜地看著這一幕，她也想跟大家說我們一起拍照吧，但卻提不起勇氣。「只有好朋友才可以一起拍照，妳跟我們又沒多好！」小愛在自己的想像中被拒絕了好幾次。雖然根本就是無中生有的事情，卻讓小愛不自覺地手心冒汗。

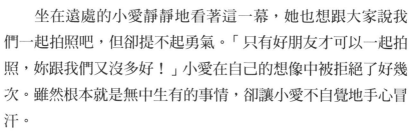

　　「……算了，我就不要湊上去了，好好待在這裡吧！」

小愛就這樣坐在椅子上，望著同學們三五成群的模樣。不知道過了多久，級任老師召喚同學們集合。

　　「現在時間十二點，我們跟自己的好朋友們一起享用美味的午餐，一點的時候到那邊的樹下集合，知道了嗎？」

　　小朋友們齊聲回答「知道了～！」，只有小愛嘴巴閉得緊緊的。小朋友們各自朝著早就看好的地方走去，大家臉上都掛著相似表情，有的人鋪開野餐墊坐，有的人坐到了桌子上，只有小愛一個人躊躇不定，在山丘上徘徊。小愛到陽光照不到、變得有點潮濕的木椅上坐下來看了看四周，注意到剛才在拍照的同學們聚在一起坐在漂亮的野餐墊上，這四個同學的名字小愛都知道，是梓怡、英禹、賢珠和東萬。

「你們帶了什麼來？」

梓怡一臉好奇地東看西看，於是賢珠拿出自己可愛的便當讓大家瞧瞧。

「看，我的是我媽給我做的小熊便當！」
「哇！真的好可愛！」
「對吧？我媽凌晨三點就起來幫我做的。」

看到梓怡的反應，賢珠驕傲地抬了抬肩膀。低聲讚嘆的英禹也馬上拿出自己的便當。

「我帶了炸雞。你們知道的吧？
我爸開炸雞店的。」

賢珠用力地點點頭，英禹家的炸雞真的很好吃。「我可以吃一塊嗎？」賢珠用懇切的眼神詢問，英禹爽快地點了點頭。賢珠拿起筷子夾起一塊炸雞，放進嘴裡「啪嚓！」一聲，甜甜辣辣的醬料伴隨酥脆的口感在嘴裡一下子擴散開來。看到英禹家的炸雞這麼受歡迎，東萬的眉間皺了起來。

「來郊遊就只帶那麼一點嗎？」
「東萬，你怎麼這樣說，不然你帶了什麼來？」

東萬翻了翻背包，拿出一個像塔一樣疊起來的便當桶。

「我的是重量級三層便當！豆皮壽司、糖醋肉、義大利麵、辣炒年糕，連水果在內應有盡有！」

「哇呀……真的好豐盛喔！第一次看到這麼大的便當！」

「厲害吧？如果有超級便當大賽的話，我一定是第一名！」

「超級便當大賽？這一定很有趣！」

「對呀！要不要明年舉辦看看？」

　　超級便當大賽？偷聽對話的小愛低頭看了看放在膝蓋上的黑色塑膠袋，裡面有一條早上匆忙買來的海苔飯捲。小吃店老闆娘捲出來的一條2000韓元的海苔飯捲一點也不起眼，小愛心裡很難過。和同學們粉紅色、天藍色、草綠色的繽紛色彩的便當盒不同，她能炫耀的也只有海苔飯捲的包裝紙是黯淡的銀色光澤而已。小愛從口袋裡翻出一張淡黃色的紙，大概因為時間急迫，從凌亂的筆跡中透露出一股匆忙。

媽媽太忙了，
沒辦法準備便當，對不起！
我留了錢，妳去家門前的
小吃店買了帶去。
郊遊愉快，我的女兒。
愛妳！

小愛將紙條扔進了黑色塑膠袋裡，然後把散發著麻油味道的海苔飯捲推到旁邊去。同學們嘴裡塞滿了食物，正喝著彩虹色的清涼汽水。小愛大口大口地喝下老師早上發的免費瓶裝水，一點都不清涼。

小愛的媽媽一直很忙，和爸爸離婚後就更忙了。以前過了晚上十點才勉強見得到媽媽一面，現在連周末都很難見到了。媽媽雖然時常稱讚她說「小愛現在真懂事！」，但小愛討厭這句話，就算被責備也好，她也想多看看媽媽。

「……我也想吃媽媽親手為我做的海苔飯捲。」

水喝得再多還是口渴，肚子餓了可是沒胃口，乾脆下雨回家算了。可是太陽大概是不想聽從小愛的祈禱，依然熾熱地照耀著。就在這時，不知從哪裡傳來一陣歌聲。

「海苔飯捲！一條海苔飯捲！捲呀捲的海苔飯捲！」

小愛轉過頭來，就看到開心唱著歌的芯理。她哼著既不是歌曲、也不是饒舌的奇怪旋律，身體晃來晃去的。戴著耳機、緊閉著眼睛的芯理，最後站到了長椅上面。

「烏黑的海苔！亮白的米飯！種類繁多～真的很美味！我愛吃海苔飯捲，你……哎呀？」

手舞足蹈跳得正高興的芯理突然睜開眼睛，跟芯理四目相接的小愛嚇了一跳，明明不是在偷看，卻莫名地感到抱歉，小愛不由自主地低下頭。

「……啊！啊，對不起，我不是故意要偷看的，因為我剛好坐在旁邊，聽到歌聲才……。」
「嘿嘿，我才要說對不起呢！想要到吃海苔飯捲，一高興就隨地跳起舞來。」

芯理撓了撓頭回答之後，就走到小愛坐著的長椅上坐了下來，然後盯著擺在兩人之間的黑色塑膠袋，臉上流露出開心的笑容。

「嘿，妳也帶了海苔飯捲嗎？我也是！」

芯理打開便當盒，裡面海苔飯捲擺得整整齊齊，不知道是在家裡準備好的，還是從哪家小吃店買了以後整齊擺放的。芯理扯開竹筷子，夾起一塊海苔飯捲整個塞進嘴裡，在愉快的咀嚼聲中夾雜著「唔～」的讚嘆聲。

「果然郊遊吃海苔飯捲最棒了，營養豐富又美味！」

芯理遙望遠方風景，似乎把風景當成了配菜。看著芯理這模樣，小愛搖了搖頭。

「我覺得不好吃。」
「什麼，海苔飯捲不好吃？這可是世界上最完美的食物喔，怎麼會不好吃？！」

飯粒從芯理嘴裡噴了出來，小愛一邊發出「噁」的聲音一邊咬牙切齒地用手指頭彈飛一塊黏在自己手臂上的紅蘿蔔碎片。

「不是海苔飯捲不好吃……。只是我討厭一個人吃。」
「妳為什麼不跟同學們說想要一起吃？」
「主動湊上去有點尷尬，他們都帶了豪華便當來，而我只帶了海苔飯捲，也有點丟臉。」

小愛深深地低下頭，然後小聲地嘀咕說：

「如果同學們看到我的便當取笑我的話怎麼辦……」

芯理覺得小愛就像個消風的氣球一般，沒多久就會扁掉貼在地上。靜靜地看著小愛的芯理開口說：

「嗯哼……小愛，聽了妳剛才說的話，我靈光一閃想起了一個故事！」
「……故事？什麼故事？」

一看小愛提起了興趣，芯理故意開玩笑地說：

「妳先答應我一件事，我就講給妳聽。」
「答應妳什麼事？」
「聽完了故事之後，妳要答應我一個請求，可以嗎？」

如果是奇怪的請求怎麼辦？但我又很想聽那個故事……。可能是察覺到小愛一時之間難以做出決定，芯理馬上接著說：

「哼，不想聽就算了！」
「不，不是啦！我想聽！」

小愛緊緊地抓著芯理的手臂。內心在偷笑的芯理努力裝出一副毫不在意的樣子說：

　　「那妳會答應我的請求，對吧？可別事後賴皮喔～」

　　看到小愛連連點頭，芯理便清了清喉嚨說：「故事是這樣的，某天在一座森林的深處……。」小愛馬上被這個故事吸引住了。

金芯理的心理諮商室

什麼是刺蝟困境？

這是指一種想擁有親密關係，卻怕受到傷害，
只好保持距離的矛盾狀態，
這也解釋了小愛想和同學們一起玩卻做不到的原因。

在一座很深、很深、很深的森林裡，天寒地凍的冬天來臨。
天一黑，風就變得像冰塊一樣冰冷。

從體型龐大的大熊到身型嬌小的小兔子，森林裡所有的動物都在嚴寒中冷得直發抖。

就連才剛出生沒多久的刺蝟寶寶也一樣。

嗚嗚，好冷喔……

就在冷風呼呼地吹，正準備再吹一波的時候，
聰明的狐狸舉起手說：

兩兩抱在一起
取暖的話，
或許就不會這麼冷了！

聽到這句話，動物們都
點頭贊成。

是呀，
狐狸說得對。
兩個一起總比
自己一個好吧。

森林裡的動物都按照
狐狸的話圍成一圈
開始互相擁抱。

熊和熊、兔子和兔子、狐狸和狐狸兩兩抱在一起，
小刺蝟看到這光景也快步走向家人。

快到了！

好溫暖喔……

其他的刺蝟家人們也慢慢靠了過來，就在彼此互相接近的時候，刺蝟媽媽因為刺痛叫了起來。

唉唷，好刺呀！

因為背上的刺，她無法再靠近一步。

因為刺沒辦法抱抱……

發現這個事實的刺蝟一家彼此後退了幾步。但愈接近凌晨，天氣也慢慢地愈變愈冷。

沒辦法，還是分開吧……

嗚嗚嗚，這樣下去會凍死的……

最後刺蝟一家為了互相擁抱又靠在一起。

孩子們，靠、靠過來！

這次換成刺蝟姊姊大叫。

哎呀！好痛！

就這樣，刺蝟一家為了取暖互相靠近，被刺刺痛了又再分開，
反反覆覆直到天亮。離得遠了會冷，離得近了又會痛。

人與人之間的關係就像
刺蝟一家人一樣。雖然
我們看不見，

但人們身上也豎著尖尖的
刺。離得遠了會寂寞，離得
近了又會受傷害。

這種現象在心理學上就稱為「刺蝟困境」，是形容像刺蝟
一樣陷入進退兩難狀況的術語。

「……原來如此，我就是陷入了刺蝟困境嗎？」

小愛也很想和同學們一起玩，但無論在家、在學校，她都習慣了一個人，所以現在才會變成這樣。然而問題是，即便有人主動接近，她也不知道該如何應對。偶爾會有同班同學主動和她說話，小愛總是當場僵住，讓原本就很尷尬的對話變得斷斷續續的，最後同學們覺得無趣就走掉了。

「在一起覺得不自在，自己一個人又很無聊，這樣該怎麼辦才好？」

小愛望著自己映在柱子上的身影，彷彿背後長出了尖尖的刺一般，尖刺也似乎反映了小愛的心情，全都垂向地面。這時小愛突然想起一個問題，一瞬間湊到芯理身邊，芯理就像被刺扎到似地嚇了一跳。

「芯理！那，那個童話最後怎麼樣了？我指刺蝟一家啦！難道凍死了……應該沒有吧？」

小愛對故事結局感到很好奇，因為她有種感覺，如果刺蝟一家過著幸福的生活，或許自己也可以和同學們相處融洽。芯理看著小愛，稍微拉開一點距離坐好。

「這個嗎，牠們一下子冷、一下子痛，整夜反反覆覆的，然後就……！」

「……然後就？」

小愛吞了一口口水。

「不知不覺間找到了適當的距離吧！就是不會太冷，也不會因此被刺到的距離。」

芯理一笑，小愛便嘆了一口氣，背上尖尖豎起的刺也如晚秋的稻穗一般垂下了頭。小愛將自己的手掌對著手掌，拉開到與肩同寬，心想著什麼程度才算適當的距離呢？

「如果我也能找到適當的距離就好了，但我實在提不起勇氣，怕靠近了會受到傷害……。一定是我這個人的個性很奇怪才會這樣吧？」

聽完小愛這麼說，芯理用力搖了搖頭。不知不覺間被吃光了的便當盒裡只剩下一條中間裂開的海苔飯捲。海苔包不住飯，裡面的食材東一點西一點地露了出來。

「才不是呢，只是妳的心黏度還不夠而已。」
「什麼意思？什麼叫我的心黏度還不夠？」

金芯理的心理諮商室

什麼是依戀？

這是指與自己以外的其他人，例如
包括父母在內的撫養者、戀人、朋友等
建立親密的感情紐帶。

仔細觀察人的心，會發現周圍有一層黏稠的液體，作用是
幫助友情、愛情、興趣等情感緊緊黏住這顆心。

我們長得
都不一樣！

黏度也
不同～

這黏膠的黏度愈高，愈容易
親近他人，很快就會和對方
熟悉起來。

準備好～
發射！

飛出去囉～！

幸虧有黏膠的厚壁，既容易
黏住，也不太會受到傷害。

嘻嘻，黏住了～
一點也不痛耶？

相反地，黏度愈低愈難和人交往。因此會患得患失，怕一下子就脫落了。

因為害怕脫落後受傷，所以乾脆一開始就逃避。

簡單地說，覺得交朋友很容易或很難的原因，就在於這個被稱為「依戀」的黏膠。

依戀通常形成於童年時期，直到長大成人都不會有太大的改變。

「妳說什麼？那我不就糟糕了?!」

聽了芯理的解釋，小愛嚇得打了個寒顫。自己的心太過乾爽了，如果我的心也能抹上像液體怪物一樣的東西就好了。悶悶不樂的小愛把身體藏進了尖刺裡，那模樣就像過早掉落的栗子一樣。

「難道我一輩子都得這樣生活嗎……」

芯理走近喃喃自語著「我完蛋了，我早就完蛋了！」的小愛身邊。

「沒必要這麼早就下定論，只要努力一點，妳的心很快就能變得很有黏性的。實際上也有人成功了喔！」

小愛從栗子殼中露出臉來。

「什麼？那人是誰？」
「最具代表性的那位……」

芯理翻了翻口袋，拿出自己的手機給小愛看。

就是製造這支智慧型手機的史蒂夫·賈伯斯！

60

金芯理的心理諮商室

什麼是與過去的自己和解？

只有直接面對人際關係中失敗的創傷並克服它，
才能擺脫患得患失的依戀。
大家都一起面對自己的創傷吧？

蘋果公司的創辦人史蒂夫‧賈伯斯雖然取得了莫大的成功，但他依然倍感空虛。

唉……
好孤單……

自從幼年被親生父母拋棄之後，他和任何人都很難親密地相處。

……再親密
有什麼用，
還不是像親生父母
一樣會拋棄我。

他沒有親近的朋友，也沒能組成一個幸福的家庭，
經常陷於孤獨中的賈伯斯有一天突然下了一個決心。

好吧，我不能
再繼續這樣下去……！

已儲存的
聯絡人 0個

他決定找到自己的親生父母，藉此來填補內心的空虛感。

就算會受傷，我也要知道他們為什麼拋棄我！

迫切的心情讓他甚至雇用私家偵探。

要多少錢我都可以給，拜託你一定要找出來。

最後賈伯斯終於找到了親妹妹，從親妹妹那裡聽到了父母不得不將他交給別人家收養的原委。

所以他們才會那麼做的，絕對不是因為討厭哥哥……

嗚嗚，原來如此……

幸好鼓起了勇氣，賈伯斯才得以了解父母的想法。

我誤會你們了，請原諒我。

不，孩子，是我們對不起你……

從此以後他和家人一直保持聯繫。

史蒂夫，你做得到！因為有相信我的人在。

依戀

他那顆充滿叛逆、反覆無常的心也逐漸穩定下來。

我們將它稱之為KPhone。

隨著與過去受到傷害的自己和解之後，賈伯斯才終於能夠愛自己，也愛別人。

沒關係，不是你的錯。

現在我不感到孤單了。

與其遮住傷口視而不見，

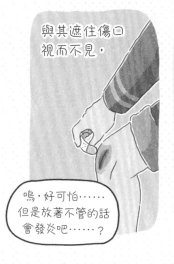

嗚，好可怕……但是放著不管的話會發炎吧……？

不如掌握傷口位置、受傷的方式與原因加以治療。

剛才摔了一跤擦破皮，先擦消毒藥水……

這才是更有效率的治療方法。

擦了藥很快就好了耶！嘻嘻。

「所以小愛，妳也好好想一想，為什麼會害怕和同學們來往。」

小愛陷入了沉思，開始回想自己說長不長、說短不短的人生。為什麼我的心一點也不黏稠？為什麼沒有正常地形成依戀？小愛的腦海中閃過一個又一個孤單寂寞的時刻。每次出現這種感覺的時候，她所缺少的是⋯⋯。

「我七歲的時候爸媽就離婚了，後來我媽媽獨自撫養我長大。但她工作太忙了，所以沒辦法顧及我，無論是運動大會、郊遊，甚至是考試考一百分的時候。」

小愛想起了某一天晚上，她手上拿著一百分考卷，在媽媽的房間門口徘徊了好一陣子，她多麼想要炫耀一下，多麼想要聽到媽媽稱讚她好棒。但是當她輕輕地打開房門看了看之後就不得不收起這樣的心情，因為下班回來倒頭就睡的媽媽，看起來實在太疲倦了。

「看著對我毫不關心的爸媽，我似乎也有過那種想法。」

小愛一個人回到房間以後，把一百分的考卷小心地折疊起來，然後放進自己的百寶箱中，那裡面塞滿了想被人疼愛最後卻不得不收起的種種心情。

「原來這個世界上沒有人愛我。」

　　每次小愛都會在這樣的夜裡偷偷地低聲哭泣。想到這個，她現在也覺得鼻酸。如果別的同學也這樣對待我的話，我該怎麼辦？只要同學們的臉上稍微露出冷淡的表情，小愛就有種自信心一下子跌落谷底的感覺。或許他們並不是討厭自己，但自己卻先害怕了起來。

「但現在回想起來，才發現我好像一直都搞錯了。」

小愛在裝著海苔飯捲的塑膠袋裡翻找，從裡面拿出媽媽寫的、已經變得皺巴巴的紙條，用手掌用力把它壓平。

「媽媽只是忙而已，她還是非常愛我的。」

拋去了腦海中塞得滿滿的負面想法之後，才終於看到愛。媽媽寫的紙條、簡訊裡的紅色愛心，還有做好放著稍微冷掉了、但都是她愛吃的飯菜，以及午休時間打來的視訊電話，多到數不清的證據足以證明媽媽對自己的愛。而自己卻只顧著和他人比較，沒有正視這一切。

「嗯，沒錯！父母一直都是愛我們的。」

芯理點了點頭。

「那麼妳聽完了故事，現在就該答應我的請求囉？」
「喔，對！妳要我做什麼事？」
「我要妳去找那邊的同學，鼓起勇氣跟他們說話。」

小愛從椅子上跳了起來，還以為所謂的請求，頂多就是要她分一點海苔飯捲或幫忙看作業，沒想到是要她去找同學們說話。小愛連連搖手，打了一個寒顫。

「什麼？不、不行！我絕對做不到！」

「妳要是怕的話那就算了，反正只是請求，不是強迫。但妳總不能一直逃避吧？人家說，只有有勇氣的人才能爭取到自己想要的東西！萬一失敗了也不用擔心，我再陪妳一起吃便當。」

雖然我的便當早就吃完了⋯⋯。芯理玩笑般卻充滿溫暖的話語，莫名地給了小愛勇氣。看著芯理沉著的表情，小愛調整了一下呼吸，然後從椅子上站了起來。好吧，金小愛，妳總不能逃避一輩子吧，妳就咬牙去做看看吧！小愛大踏步地走向同學那邊。

「該怎麼說呢？哈囉，大家好！這太尷尬了⋯⋯。要、要不要一起吃便當？哎，這太愚蠢了⋯⋯。」

梓怡發現小愛正一邊自言自語一邊走過來，小愛還沒開口，她就先喊了小愛。那一聲「小愛！」實在太清亮了，像充滿光芒似的讓小愛睜不開眼睛。

「……咦，妳知道我的名字？」

聽到小愛的話，英禹吐出雞骨之後回答。

「知道呀！妳是我們班的嘛。」
「哇，原來如此。我還以為誰都不認識我……。」

小愛還以為自己是透明人，沒想到其他同學也看到自己了。就在小愛被微妙的喜悅包圍之際，埋頭猛吃便當的東萬問：「妳有什麼事嗎？」小愛握著海苔飯捲的手又握得更緊了。

「啊？喔，就是……我帶了海苔飯捲，想、想要和你們一起分享……。」

八隻眼睛一起集中在小愛身上，小愛不由自主地把視線投向地面。他們如果說不用了，那怎麼辦？無謂的擔心又在小愛的腦袋裡叫囂，而賢珠拍手的聲音讓小愛回過神來。

「好呀，好呀！這麼一看，我們之中沒有人帶海苔飯捲來耶？郊遊的時候，還是海苔飯捲最棒了！」

大家都點頭同意賢珠的話，還聽到有人洩氣地說為了準備漂亮的便當，反而把海苔飯捲拋在腦後了。小愛靜靜地站在那裡，英禹拉了拉她的手，賢珠也把行李清到一邊去，把位子讓給了小愛。

「小愛，坐這裡。」

「……可以嗎？」

「當然，快坐下吧。要不要吃吃看這個？是東萬帶來的，真的很好吃。」

「才不是呢，我媽做給我的更好吃！先嚐嚐這個，快點。」

同學們爭先恐後地幫小愛盛食物，小愛雖然有點傻住了，但臉上掛著開心的笑容，筷子動個不停。小愛感覺到自己的心變得黏稠起來，同學們溫暖的眼神、令人心情愉快的一句話都緊緊地黏在了她的心上。原來愛就跟食物一樣是可以互相分享的。小愛的雙頰在陽光下紅得像顆成熟的蘋果。

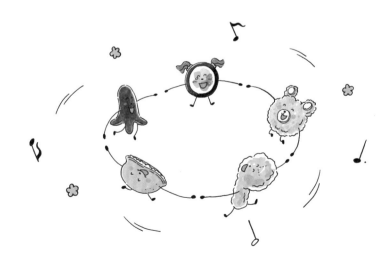

第3章
希望現實也能像
遊戲一樣重新開始

路里的故事

「比賽，開始！」

旗子一揮，停在起跑線上的賽車同時出發，在一陣以驚人氣勢飛馳而出的汽車之中，路里的紅色賽車冒出頭來。和一些無法克服加速度而被推出彎道的賽車不同，路里的紅車強勁地向前衝了出去。就這樣大約過了兩個彎道之後，路里的車領先群雄。

「很好，照這樣下去一定是第一名！」

難得出現好預感，抱著說不定這次真的能贏得冠軍獎盃的想法，路里興奮地踩著油門。就在這時，旁邊的一輛車突然切入，有什麼東西咻地飛了過來。瞬間濃煙冒出，視野變得灰濛濛一片。

「咦?!哎呀!看不見前面了!」

　　路里的車瞬間失去平衡開始打轉，隨著一聲砰然巨響停在了原地。就在路里不停咳嗽之際，其他車輛趁機飛馳而過。輪胎在柏油路上摩擦的噪音也瞬間消失，賽車場裡只剩下路里和紅車，顯得出奇安靜。

※咻嗚

「咳咳咳咳，呃……。」

　　好不容易回過神來的路里正想踩油門，卻又停住不動了。就算現在重新出發，也只能勉強通過終點線吧？想到這裡，路里就一肚子火，眼看就要奪冠了，竟然被這麼幼稚的惡作劇給坑了！路里脫下安全帽一把摔在地板上。然後用手指頭使勁按下車子裡的「結束」按鈕。

　　「我不玩了！不玩了！」

　　伴隨著路里憤怒的叫喊，手機上浮現一個提示窗。

　　載俊和誠泰同時抬起頭來，脾氣暴躁的載俊率先發火。

　　「喂，李路里！你怎麼不講一聲就退出了，這是團體賽呀！」
　　「你退出了？不是系統出錯了？」

聽到載俊的話，誠泰一臉荒謬地跟著問了一句。早把手機扔得遠遠的路里，看都不看兩人一眼回答說：

「覺得煩就關掉了，怎樣！反正也得不到冠軍，幹嘛還玩？」
「那也得跑到終點呀！你害得我們也沒辦法得分了！」

載俊一這麼指責，路里便瞪了他一眼，誰叫載俊的車落在最後面。因為是團體賽，如果路里奪冠的話，最大受惠者應該是載俊了。明明差點就能託自己的福，白白賺到分數，現在還敢反過來發火，路里氣到滿臉通紅地大叫：

「那你跑到終點呀！我最討厭輸了！與其輸掉，我寧願不玩！」

載俊和路里兩人氣勢洶洶，一副要打起來的模樣。夾在中間的誠泰坐立不安，急得直跺腳。早知道就不要提議組隊參賽了……。誠泰真希望時間倒流，阻止五分鐘前的自己。

看著隨時都有可能拳腳相向的兩個人，誠泰焦急萬分。要跑去教師辦公室一趟嗎？但是這麼一來，午休時間偷玩手機遊戲被發現就完蛋了，怎麼辦？

「呼，吃飽之後感覺舒服多了。就像我說的，炸豬排果真百吃不厭嘛！」

就在誠泰急得直跺腳時，突然看到一個人，那就是午餐吃飽了正要去心理諮商室的芯理。誠泰趕緊朝著心情愉快地哼著歌的芯理揮手。

「芯理，快過來勸阻他們！」

芯理正剔著夾在牙縫裡的豬排肉，聽到有人喊她便回過頭來，誠泰一臉為難地指著站在他前面怒氣沖天的載俊和路里。芯理暗想「終於輪到金芯理老師出場了！」便拍著圓鼓鼓的肚子走了過去。

「喂喂，你們兩個，才吃完飯吵什麼吵，午餐都要消化光了！現在就把力氣用完的話，還沒回到家肚子不就又餓了？」
「是他先說要組隊參賽的，卻說退出就退出！」
「怎樣？我想退出就退出！」

看到他們互相揪著衣領怒氣沖沖的模樣，芯理都被搞糊塗了。

組隊參賽？退出？這到底在說什麼？芯理四處張望，看到桌上排放著的三支手機，突然腦中靈光一閃。

「啊，原來你們在玩手機遊戲？」

讓我想想，三個人組隊玩遊戲，玩到一半路里不說一聲就退出……。好像摸著一點頭緒了，但還沒辦法輕易下定論。芯理覺得有必要讓三個人坐下來，再聽他們說清楚一點。

「同學們，我腳酸死了，不要這樣子站在這裡，我們去諮商室說怎麼樣？」

芯理親切地這麼說，但路里和載俊兩人將雙手交叉在胸前，「哼」的一聲轉過身去。

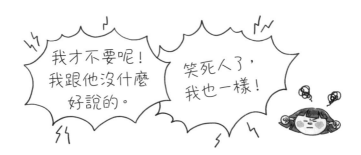

兩個人把吃了炸豬排所得到的力氣全都用在了大喊大叫上，被他們吵得頭痛不已的芯理最後雙手叉腰，來回瞪著兩個人說：

「你們如果不馬上去諮商室的話，我就把你們午休時間偷玩手機遊戲的事情告訴老師喔？！」

最後，在芯理不像是威脅的威脅之下，三個人只好認命地走進諮商室中。芯理在三人面前各放下一杯茶，說是靜心茶，勸他們快喝。

猶豫不決的三個人喝了一口茶，雖然有點苦澀，但感覺暖暖的，還不錯。

「我想問幾個問題。」

先開口說話的芯理指著自己的口袋，口袋因為承受不了三支手機的重量，難看地往下墜。

「回答得好，我就還給你們，也不會跟老師說你們幾個玩手機遊戲的事情。」

「真的嗎？我已經準備好回答任何問題了。」

誠泰眼睛發亮，抬頭挺胸坐好。芯理對著悶不吭聲的另外兩個人又問了一次。

「你們兩個不需要手機了？」

「……好吧。」

「哼，我回答不就得了！妳要問就快點問。」

芯理朝著忿忿不平的路里晃了晃手機，看到路里一副心疼不已的表情，芯理「嗯哼！」一聲清了清喉嚨。

「很好，那第一個問題！每天手機遊戲玩幾個小時？」

對於芯理的問題，三個人都彎起手指頭算了算。誠泰回答三十分鐘，載俊回答三小時，路里回答最少五個小時。芯理一臉嚴肅地提出第二個問題——是否有因為玩遊戲而忽略了學習或該做的事情。誠泰率先搖搖頭，自豪地笑著說自己一定先做完功課才玩遊戲。載俊也回答自己偶爾會忘記，但該做的事情再晚也會做完。相反地，路里卻臉色陰沉沉、有點尷尬地撓著後腦勺說，他時常會忘了該準備的東西和作業。芯理臉色更加凝重地拋出最後一個問題：

「玩遊戲比來學校和同學們一起玩更有趣嗎?」

誠泰這次也有點嚇到了。

「不會呀,玩遊戲也要和朋友們一起玩才有趣,一個人不好玩。」

「對呀,遊戲玩久了眼睛會痛,和同學們一起比賽踢足球或打籃球更有意思,還會發生很多讓人捧腹大笑的事情。」

大概是想起了大家一起在操場上玩耍的回憶,誠泰和載俊開始聊了起來,而路里一直保持沉默,過了好久才像是想起了什麼似地冷冷地說:

「……我不這麼認為,我更喜歡玩遊戲。」

誠泰和載俊都對路里的回答露出驚訝的表情,其中最驚訝的是芯理,本來她還暗自希望自己的預感不會成真。也不知道路里是否明白芯理的擔憂,他自顧自地陷入幻想中,一想起遊戲中的自己,他就不自覺地露出了笑容。

「在遊戲裡，我可以為所欲為，可以開槍、可以開車。而且不管是能力還是外貌都是一流的，還很有錢！」

路里的視線突然投向對面的鏡子，與遊戲裡的角色不同，現實世界裡他卻是一副卑鄙的模樣，這也使得他腦中火熱的興奮感瞬間冷卻下來。

「真希望遊戲裡的世界能夠成真。」

路里垂下頭喃喃自語。

「那每次失敗了或出現困難的時候，就可以像遊戲一樣重新再來。」

聽到路里這麼說，芯理「啪！」的一聲用手掌拍了桌子。

「果然，你絕對是得了重置症候群。」
「重置症候群？」
「那是什麼？」

誠泰和載俊緊緊湊到芯理身旁，他們好奇的眼神就如陽光照射下的大海一般閃閃發亮，而遠離他們坐著的路里臉上則像海浪一般青白交替。

「等、等一下，難道說我⋯⋯得了重病？」

面對路里的提問，芯理把身體靠在椅背上，然後用食指指著自己的胸口說：

「也可以這麼說，雖然不是身體上的，而是心理上的疾病。」

「⋯⋯心理上的疾病？」

「沒錯，這不是因為病毒或細菌，而是由遊戲引起的心理疾病。」

金芯理的心理諮商室

什麼是遊戲成癮與重置症候群？

是指一種誤以為在現實中出現問題時，
也可以像電腦運作不正常時按下重置（Reset）按鈕
一樣重來一次的症狀。

所謂「重置症候群」，指的是一種誤以為在現實中也像電腦
或遊戲一樣，只要按下重新啟動按鈕就能從頭再來的症狀。

這是由表示「初始化設定」之意的「重置」，加上表示「各種症狀」之意的「症候群」組合而成的複合字。

reset
+
症候群

這種現象主要常見於網路或遊戲成癮的人身上。

自從電腦誕生並開始普及之後，網路就成為人們不可或缺的工具。

得利於此，我們可以和世界上任何一個角落的人對話。

Hello.

而且與過去不同，我們可以輕易地從任何地方找到所需要的資訊。

不用親自去圖書館，真方便！

有時候還可以幫助我們愉快地度過休閒時間。

唉，下雨了？那今天不出去打籃球，和朋友們在線上遊戲玩籃球好了～

不過，正如硬幣有正反兩面一樣，

網路看似讓我們的日常生活更加便利，但也存在著缺點。

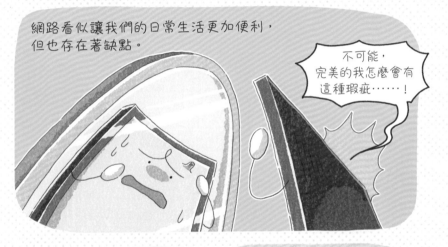

不可能，完美的我怎麼會有這種瑕疵……！

不僅因為人們輕易就暴露在髒話、暴力和色情的環境之下而導致犯罪增加，

哦耶……我也試一次看看？

未經判斷就接受假消息並散播給其他人的情況也愈來愈多。

藝人竟然做出這種事情？！得趕緊告訴別人～

隨著科技的發展，人們上網的時間逐漸增加，遊戲或網路成癮的人也大量湧現。

現在我們可以隨身攜帶電腦，隨時使用！

哇～

如果說遊戲成癮和網路成癮是一種類似感冒的疾病，

嚐嚐感冒病毒的厲害！

那麼重置症候群就像是一種症狀。

譬如咳嗽、流鼻水或打噴嚏。

咳咳，咳咳！呃，鼻水……

嘻嘻嘻

「所以妳是說人會因為遊戲成癮，然後患上重置症候群？」

誠泰聽懂了芯理的解釋，明快地整理出重點來。芯理對誠泰豎起大拇指，誠泰有點不好意思地「嘿嘿」笑了起來。載俊揮了揮手，彷彿要揮散這其樂融融的氣氛似的。

「所以患上重置症候群的話會怎樣？」

聽了載俊的話，誠泰想著「什麼叫會怎樣？」在心裡打了個問號。

「妳不是說重置症候群也是一種症狀，就像經常打噴嚏的話鼻子會爛掉，經常咳嗽的話胸口會疼痛一樣，難道不會哪裡出現問題嗎？」
「重置症候群加劇的話，當然會出現嚴重的問題。」

哎呀，這要怎麼才能展示給他們看呢？苦惱的芯理突然「噠！」一聲打了個響指。芯理把諮商室裡所有的燈都關掉，然後把一個大大的顯示器推到三人面前，裡面正播放著三人午休時間一直在玩的賽車遊戲畫面。

「哦哦，比賽開始了！」

誠泰說完，大家都擠到顯示器前面來。三個人都忘了剛才還吵過架，把頭湊在一起認真看著畫面。

就在他們聚精會神地盯著跑車在道路上疾馳的場景時，畫面似乎晃動了一下。突然有幾隻手伸到顯示器外面來，緊緊地抓住三人的領口，瞬間將他們拉進了顯示器裡頭。

아

아

아

아!

아

아

아!!

아!!

아

아야!

看著這一幕的芯理鬆了鬆身體，也撲通一聲跳進了顯示器裡。

金芯理的心理諮商室

什麼是重置症候群的特徵?

習慣使用智慧型手機的MZ世代（1981～2010年出生的人）最有可能患上重置症候群。還有一碰到網速慢下來或畫面停頓就關掉視窗的行為,也屬於重置症候群。

患上重置症候群的話,會因為分不清假想世界和現實世界,

把遊戲或網路中的世界當成真實存在的。

嚴重的話,會開始認為那裡面的自己是比現實中的自己能力更出眾的人物。甚至深信在現實中也可以重新再來,

有時候即便自己犯下滔天大罪也會誤以為是沒發生過的事情。

但是,重置症候群並非只有這些嚴重的特徵。

在我們平時的行為中也有相當於重置症候群的情況。

很難相信嗎?那麼在下列問題中,請把符合的情況圈起來。

重置症候群自評5項目

1. 相信網路中的自己是更厲害的人物。

2. 與過去相比,暴力行為和說髒話的頻率增加。

3. 遇到網速變慢或畫面停頓時,會不停地開關手機。

4. 認為任何事情都可以在網路上解決。

5. 相信即便做錯事也可以當成沒發生過,輕鬆地回到原點。

　　三個人坐在一片荒涼的遊戲世界裡,當芯理遞來自評單時,誠泰和載俊都一臉嚴肅地審視著,就怕自己也患上重置症候群,擔心的神色表露無遺。

　　與此同時,路里四處張望,顯示器裡的世界與他曾經以憧憬的眼神所看著的景象不同,這裡顯得一片荒涼,沒有歡呼的觀眾、沒有帥氣的車輛,賽車場根本就和一個不起眼的茫茫曠野沒兩樣,原來這地方也不是一直都很酷炫呀!就在路里分心之際,完成自評單的誠泰瞠目結舌。

「哇，我中了兩項耶？」

五個項目裡中了兩項，已經是接近過半的數字。當載俊在第三個項目上打圈時也感到很絕望，難以相信自己居然對遊戲上癮了。一直在觀察同學們的反應，晚了一步才審視自評單的路里，也是一臉僵硬的表情。大雪飄落在紙張上，路里望著自己手上打了五個圈的紙，突然開始摺起紙來，使勁地用指甲按壓。

「亂講一通，我才不信呢！」

路里把自己摺出來的紙飛機向半空中咻地射了出去，芯理、誠泰和載俊的視線都隨著紙飛機移動。芯理突然把什麼東西朝紙飛機擲了過去，砰！的一聲，紙飛機的身形脹大到鯨魚那麼大。

「我才不是遊戲成癮，所以也不會患上重置症候群，這些都是芯理編造出來的謊言，對不對？妳想嚇唬我們才這麼做的！進入遊戲世界也全部是妳製造出來的幻象。我知道了，剛才喝的茶！妳一定在茶裡面加了什麼東西！」

路里突然站了起來大喊大叫。隨便你吧！芯理逕自跨上了那架巨型紙飛機，然後聳聳肩說：

「如果你覺得是謊言，那你留在這裡也沒關係，反正從夢中醒來就沒事了。但萬一這是真實世界，那麼就算你永遠被禁錮在遊戲世界裡也不關我的事，知道了吧？」

一聽芯理這麼說，誠泰連忙在紙飛機上找個位子坐下來，載俊也在後面緊跟上來。芯理打了個響指，紙飛機開始冉冉上升，眼看著就要一飛沖天了，原本還氣呼呼地站著的路里趕緊抓住紙張邊緣，好不容易才爬了上來。

「我說過了吧？遊戲成癮是一種類似感冒的疾病，重置症候群就是像咳嗽或打噴嚏的一種症狀。」

在愈飛愈高的紙飛機上，載俊緊緊地抓著誠泰的腰身。原本一直氣鼓鼓的路里也被嚇得脹紅了臉。與三人不同，芯理興致勃勃高聲地說：

「就算不是感冒，我們偶爾也會咳嗽、打噴嚏不是嗎？心理疾病也一樣，就算不是遊戲或網路成癮，也有可能患上重置症候群。」

「哈啾！」芯理打了個噴嚏，紙飛機跟著劇烈晃動，三個孩子一邊尖叫一邊瑟瑟發抖。不知不覺間紙飛機已經遠離地面，芯理用袖子擦掉噴出來的鼻水，又接著說：

「不然，也可以反過來透過重置症候群來判斷自己是不是遊戲成癮。」

害怕的誠泰在極高的高處緊閉著眼睛，然後拉了拉坐在自己前面的芯理的衣角問：

「那我們該怎麼做呢？怎樣才能擺脫重置症候群！」
「說到這個，我有一個非常簡單的方法。」

芯理像要施展絕技一樣突然從位子上站起來，不知何時她的背上多了一個背包。芯理做了幾次深呼吸之後，便從紙飛機上往下跳。還待在紙飛機上的三個孩子臉色發白，趕緊朝芯理伸出手去。

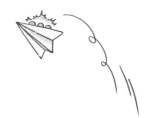

「芯理！」
「喂，妳在幹什麼！」

　　芯理並沒有理會他們，只是一直不斷地往下墜落。看準時
機的芯理用力拉扯垂在背包旁邊的繩子，一個大型玉米粒冒出
來「砰！」的一聲爆開。芯理掛在如降落傘般展開的爆米花下
面，一邊慢悠悠地向下飄，一邊喊道：

「遠離爆米花就行！」
「什麼爆米花，妳到底在說什麼？」

金芯理的心理諮商室

什麼是爆米花腦袋？

是指習慣了像爆米花一樣巨大強烈的刺激
之後，就會對現實事物變得沒有感覺。
路里會沉迷手機遊戲，也是因為如此。

我們的大腦非常喜歡
新鮮、充滿刺激的事物。

嗯～咦？

對於像爆米花一樣砰砰
爆開的事物反應非常快。

哇～

過度使用如電腦或智慧型手機等電子設備，或者同時使用
各種機器的時候，這種現象就會愈發嚴重。

97

漸漸地變得只會對更大、
更強烈的刺激作出反應。

我還要爆米花！
我還要！再鹹一點、
再甜一點！

因此這種現象
被稱為「爆米花腦袋」。

一直吃一直吃，結果
我變成了爆米花⋯⋯

如果實際拍攝一張呈現爆米花現象的大腦影像，
就會發現負責「思考」的區域縮小了。

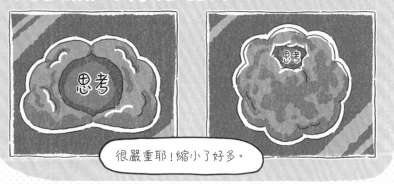

很嚴重耶！縮小了好多。

因遊戲成癮引起的重置症候
群不只影響我們的日常生活
或個人行動，

你又沒寫作業？每天
要帶的東西都沒帶！
難怪你每次都考零分！

也對大腦及其他身體部位
產生不良影響。

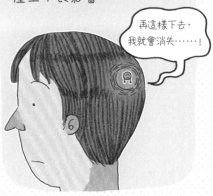

再這樣下去，
我就會消失⋯⋯！

為了擺脫這種重置症候群，首先要做的第一件事就是減少上網和打遊戲的時間。

※30小時

這道理雖然大家都知道，但並不是一件容易做到的事情。

一開始可能會很難，但如果持續一點一點地減少，

總有一天一定能改掉只追求刺激的習慣，不是嗎？

第二件事，就是要有健康的愛好。放學或周末的空閒時間，
與其只打遊戲，不如和朋友們一起運動或聊天。

天氣這麼好，
不如出去玩吧～

唱歌、畫畫、眺望窗外的
風景也不錯。

因為重要的不是擁有何種愛
好，而是以健康的方式來度
過這段時間。

最後，第三件事，就是要養成規律的生活習慣。

從現在開始好好聽我說，知道了嗎？

如果因為打遊戲或上網造成熬夜或經常不按時吃飯的話，

哇，已經兩點半了？

懶得弄，隨便吃吃算了～

大腦會變得愈來愈脆弱，那麼必然更容易沉迷於遊戲中不可自拔。就像當身體的免疫力下降時，容易感染各種疾病一樣。

哈，鑿開了！進去吧！

為了讓大腦保持健康和強壯，最重要的就是要按時睡覺、按時吃飯，

現在是小孩子的睡覺時間，馬上就寢！

所以一定要保持規律的生活習慣。

吃飯時間不能做別的事情，知道了嗎？

在芯理安全降落地面的同時，紙飛機也把孩子們送回了心理諮商室。

「怎樣，比想像中簡單吧？」

面對芯理的問題，三個人都是一副精神恍惚的模樣。因為他們搞不清楚這到底是夢，還是像愛麗絲一樣去了一趟仙境。芯理站在這失了魂的三個同學面前把手機遞了出去。

「來，按照約定我把手機還給你們，因為你們認真回答，也很聽話。」
「啊？哦，謝謝……。」

誠泰、載俊、路里依序從芯理手中接過了手機。照理說，他們應該要覺得很高興才對，但卻完全不是這麼回事。他們一點也不想再玩手機遊戲，也沒有了想角逐冠軍的想法。三人深怕像剛才被抓進顯示器裡一樣，從手機裡面也會伸出許多隻可怕的手，所以誠泰「呃！」地發出驚愕聲，載俊也趕緊把手機塞進了口袋裡。

看著三人臉上的表情，芯理揮了揮手，一臉疲憊地說：「現在諮商結束了，你們趕快回教室去吧！」之後還不忘多說了一句：「以後玩遊戲時不要吵架喔！」路里靜靜地聽完話，低聲回答說：

「不會再吵架了，我以後不玩遊戲了。」

「什麼？真的嗎？」

「你不是不玩遊戲就活不下去嗎？」

　　誠泰和載俊一起激動地反問，兩個人為了確定這句話真的是出自路里口中，不是自己聽錯了，還互相捏了捏對方的臉頰作確認。

「仔細想想，我現在對遊戲有點膩了。而且……我也已經很久沒有和你們一起在操場上玩了。」

　　路里說得沒錯，自從三個人都有了手機之後，他們就不再去公園了，甚至也不太記得他們曾經每天一起汗流浹背地跑跳玩耍的日子。

「午休時間還剩下20分鐘，不如我們出去玩『紅綠燈』？」

　　路里點頭贊成載俊的提議，望著這兩人的誠泰也跟著露出明朗的表情。

「紅綠燈？好呀，沒問題。」

「我也要玩！」

「快點出去！最慢到的人當鬼！」

「喂，哪有這樣的！」

「就有！」

　　三個好朋友吵吵鬧鬧地一起跑到操場去，芯理站在窗邊看著三人的身影。喊「紅燈！」就停下不動、喊「救！」就趕緊逃跑，在他們對面的正如火如荼地進行著的足球比賽，熾熱的驕陽下不斷傳來「砰！砰！」的踢球聲。芯理心想，這真是爆米花爆開時也比不上的悅耳聲音呀！

第4章
不能盡信新聞？

「晚安！」

　　東榮關上房門，躺進被窩。黑漆漆的房間裡，東榮望著天花板的眼睛顯得格外明亮。因為今天是周末，所以白天睡過了午覺，結果現在早就過了晚上睡覺時間，東榮卻還是十分清醒。在床上翻來覆去好一陣子之後，東榮決定拿出手機來。

　　不知道為什麼，和同學們之間的聊天室還有發布各種文章的網站今天都靜悄悄的，最後，東榮進入了「NoTube」網站。一往下拉動捲軸，馬上出現數十部新影片，其中最吸引東榮注意的，就是一部標題聳動的影片。一點擊開啟「在XX發現藏寶船！」的影片，伴隨著各種資料照片流瀉而出的，是一道篤定的聲音。

藏寶船？東榮想起了小時候看過的動畫。雖然東榮的未來志向經常改變，但其中之一就是當海盜——勇敢地打敗海怪和海賊，堂堂正正地奪得寶物的海盜！但那只是年幼無知的童年夢想，他相信這世上沒有什麼藏寶船或海賊之類的東西。然而現在這煞有介事的照片和真誠的聲音，讓東榮的信念開始出現裂痕。

就在這時，東榮臉上的表情從懷疑慢慢轉為深感興趣。東榮在像香腸一樣成串排列的「推薦影片」中，接連點擊其中標題為「在XX有藏寶船的歷史證據」的一部影片。

「照片看起來很像那麼一回事……。」

出神地看著影片的東榮摩娑著下巴。從最開始自言自語的一句「這怎麼可能？」，沒多久就變成了「愈聽愈像真的有這回事」。直到太陽升起、月亮落下的時候，東榮終於相信，確實有藏寶船沉睡在韓國外海的某個地方。

「藏寶船……300億……。」

坐在教室裡一臉憔悴的東榮恍神地低喃著，一整晚沒睡讓東榮多出了兩個黑眼圈，只有眼睛還是炯炯有神，因為他正在腦海中描繪自己找到藏寶船後變成有錢人的模樣。

　　東榮不知不覺地咧開嘴嘿嘿笑了起來，然後就像後腦勺被鎚子敲了一記似地突然回過神來。萬一大海深處有藏寶船一事屬實的話，那不就不能再耽誤時間了，一定要趕在更多人知道這個消息之前過去將藏寶船占為己有才行。

　　「沒錯，我現在就得出發了！再晚，說不定藏寶船就被別人搶走了！」

　　東榮把桌上的東西塞進書包裡，好好地拉上拉鍊，把書包背到背後。就在這時，才剛來上學的同學們紛紛從教室前門湧了進來，看到東榮背著書包準備去哪裡的樣子，同學們都跑到他身邊來。

　　「東榮，你要去哪裡？你不是才剛來學校嗎？」
　　「我得走了，得走了啦……。」

　　看到東榮蒼白的臉色，宗代露出驚訝的表情。

「你哪裡不舒服？所以現在要早退嗎？」

即使聽到宗代的問話，東榮也不發一語。宗代只好向站在旁邊的瑞允求助，向來以做事果決出名的瑞允走過來抓住東榮。

「瑞允，東榮怎麼看都像是生病了。再怎麼想走，也應該先跟級任老師報告了再走，對不對？」

「當然啦，就這麼走了的話，會被記曠課的。東榮，你別這樣，先去教師辦公室⋯⋯。」

「放開我！我現在就要離開！」

東榮狠狠地甩開瑞允的手。

「外海發現了一艘藏寶船！我現在就得去找船，找到的話，我就會變成有錢人了！」

聽到東榮這麼說，大家都皺起了眉頭。

「什麼？東榮現在在說什麼？」

就在同學們議論紛紛之際，政翰「啊！」地喊叫一聲。看到同學們的視線都轉到自己身上，政翰拿出手機給大家看，螢幕上顯示的正是東榮看了整晚沒睡的那部影片。

「前陣子我在 NoTube 上看到一部聲稱有藏寶船的影片，因為我沒有興趣，就沒有點進去觀看了，不過東榮應該是看了這個才那麼說的。」

「你的意思是說，東榮是因為這部影片才變成這樣的嗎？」

「我就說嘛，怎麼可能突然間就說要找藏寶船……嗯？」

宗代一副難以理解的表情看看了四周，卻發現剛才還坐在座位上的東榮不見蹤影。宗代從周圍聚在一起議論紛紛的同學之中擠了出去，就看到東榮正要從後門溜走。

「哎呀，喂！東榮跑了！」

一聽到宗代的話，瑞允飛快地追了過去，後面跟著宗代和政翰。

「先抓住他！」
「抓住以後呢？」
「我怎麼知道！反正先抓住再說。」

三個人跟在東榮背後在走廊上奔跑，還好跑得最快的政翰一把抓向東榮的背，手指頭幾乎就快要碰到東榮書包的邊緣。政翰心中焦急不已，想著「這樣不行！」便飛身向前抱住了東榮。隨著好大的一聲「砰！」響起，三個人都趴倒在地上。宗代和政翰飛快地扣住東榮雙臂，然後看著瑞允。

「呃，現在怎麼辦？」
「要去哪裡？教師辦公室？保健室？」

在兩人的詢問下，苦苦思索一番後瑞允指著一個方向，通往體育館的大門半開著。

「芯、芯理！走，去找芯理！」

三個人拖著拚命掙扎的東榮去找芯理，不過因為東榮一直叫嚷著要立刻去找藏寶船，所以平時只要二十步就可以走到的

距離，他們辛辛苦苦花了十五分鐘才終於抵達。一群人汗流浹背地來到了芯理的諮商室前，一打開門三個人就馬上把東榮推了進去。

「怎、怎麼了？」

被突如其來的動靜嚇了一跳的芯理眨了眨眼睛，心想難道是打瞌睡到一半還作起夢來了？但看到陣陣揚起的灰塵，判斷這應該不是夢。

「呼、呼……芯理，幫幫我們……。」

宗代擋在門前說。果不其然東榮一躍而起衝向大門，政翰和瑞允趕緊拉住東榮，但東榮就像一隻發現獵物的鱷魚一樣，咬牙切齒地威脅宗代。

「讓開！你們是嫉妒我找到藏寶船就會變成有錢人才這樣的吧？！」
「藏寶船？啊，在說動漫電影？」
「不是動漫，是真的，真的啦！我還有證據呢！」

是找到了藏寶圖嗎？芯理歪著頭大惑不解。政翰把手機拋給她，芯理輕輕地用雙手接住，慢條斯理地觀看正在播放中的影片。

「這不是『NoTube』影片嗎？」
「呵呵呵，沒錯！證據都在那裡面，藏寶船位置、沉沒原因以及裡面有多少東西！」

慢條斯理觀看影片的芯理一手按著頭，這絕對是把各種資訊拼湊在一起製造出來的「假新聞」。在大量謊言中夾雜一些真實訊息，製造出乍看下煞有介事的假新聞，而東榮竟然被這種危險的假新聞迷惑住了。芯理關掉影片，撲通一聲癱坐在沙發上。

「這是假新聞啦！東榮，你的確認偏誤情況還真嚴重！」
「確認偏誤？那是什麼，怎麼會讓東榮變成這副德行？」

趁機把東榮綁在思考之椅上的宗代甩甩手問。當芯理做出「請坐！」的手勢時，三個人便並排坐在沙發上。東榮還是吵著要出去，但芯理就當沒聽見，得趕緊端正視聽，以免其他同學也一併成為假新聞的受害者。

金芯理的心理諮商室

什麼是確認偏誤（Confirmation bias）?

這是指只接受與自己信念一致的資訊，
而對與之不一致的資訊採取減縮或漠視的傾向，
這也是造成東榮對假新聞深信不疑的原因。

所謂「確認偏誤」是指為了維持自己的信念，只接受符合該信念的資訊。

簡單地說，就是只看自己想看的，只聽自己想聽的。

搞什麼嘛，怎麼可以只挑草莓吃！

我喜歡草莓，但不喜歡鮮奶油……

挑我喜歡的吃有什麼不可以？我高興就好！

人類的大腦和電腦不同，不會原封不動地接受資訊。

是!。

而是會根據過去的經驗或自己的想法扭曲資訊，或只選擇自己需要的、喜歡的、想看的資訊。

啊哈，答案是船！

人類有一種習性，希望自己所確信的事情也能得到他人的認同。這也使得我們會不自覺地只蒐集對自己有利的資訊。

對了嗎？
我對了吧？
告訴我，
我是對的！

哼～看你忍笑的樣子就知道我是對的！喔，剛才你的嘴角還一直在抽動，連腳都在抖，那就表示我是對的～

也就是說，即使證據就在眼前也會視而不見。

直接回頭看不就行了……

為了證明這個事實，克里斯多夫進行了一項實驗。

人類有這麼愚昧嗎？真令人不敢相信……

他把學生們分成三人一隊，一隊穿白色衣服，另一隊穿黑色衣服。

來，請在相機前面圍成一個圓圈站好。

是～

從現在開始把籃球傳給自己隊的人就可以了。

克里斯多夫拍下穿著同色衣服的人彼此傳球的影片，並將影片播放給實驗參加者看，同時要求他們

數一數穿白衣服的人傳了幾次球。

不是穿黑衣服的人喔！

是數穿白衣服的人。

參加者按照克里斯多夫的要求，認真地盯著穿白衣服的人看。

十三、十四、十五⋯⋯

影片結束後，克里斯多夫這麼問道：

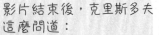

> 好，有人看到猩猩嗎？

參加者都很驚慌，剛才只顧著數傳了幾次球，沒注意有什麼猩猩。

> 不是叫我們數傳球次數嗎，怎麼問猩猩……？

> 什麼，根本沒看到……。

> 有嗎？

看到參加者的反應，克里斯多夫把影片倒帶重放一次。

> 那麼我們再看一次。

於是，奇妙的事情發生了。剛才沒看到的猩猩真的慢悠悠地從人群中間穿過去。

> 剛才沒看到？

> 哇，為何？

> 該不會播放的是另一支影片吧？

克里斯多夫利用這項簡單的實驗，證明了人們只會看自己想看的東西。

> 人類並沒有我們想像中那麼聰明……

「哇，太神奇了！竟然會因為盯著那顆小小的籃球看，就忽略了那麼大一隻的猩猩！」

政翰看著不知道什麼時候裝扮成猩猩的芯理說。

「哼，我看的才不是假新聞呢！我看了一整夜的影片，卻沒有找到任何證明藏寶船不存在的證據。」
「找不到是理所當然的！」

芯理重重地哼了一聲，拿起籃球。毛茸茸的大手拍了幾次球之後，就把球舉到同學們前面。

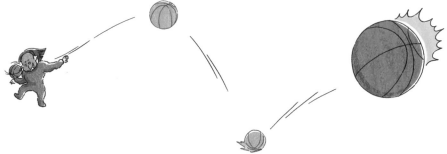

「因為假新聞的特徵就是只顯示你可能會喜歡的資訊。」

芯理把籃球傳到一邊的手臂上，在大家以為籃球會越過肩膀滾到另一邊的手臂上時，球卻神不知鬼不覺地消失了。

「而把你不會喜歡的資訊全部隱藏起來。」

「籃球消失到哪裡去了？」跑到芯理背後查看的瑞允一臉疑惑地問。

「到底是誰、又為了什麼要做那種事情？」
「就是一群想利用假新聞牟利的人。」

　　芯理把手藏在腦後又抽了出來，黑色的手掌上重新出現了一顆籃球。芯理呼地吹了一口氣，把籃球拋到半空中。籃球砰地一聲爆開，草綠色的紙幣就像爆竹一樣飄散開來。

　　「我剛才不是說過，人類有一種習性，希望自己所確信的事情也能得到他人的認同嗎？有些人就是利用這點欺騙和操縱他人。」

　　瑞允、宗代、政翰跑向紙鈔，但在該印著世宗大王的萬元鈔票上卻出現芯理戴著猩猩面具的笑臉。

金芯理的心理諮商室

什麼是假新聞?

假新聞是一種仿造實際媒體報導、
加工而成的新聞,其特徵是
為了刺激人們的興趣和本能而故意捏造。

網路上存在著多到數不清的資訊,因此無論我們想要什麼資訊,只要多點擊幾次就能輕鬆地查找到。

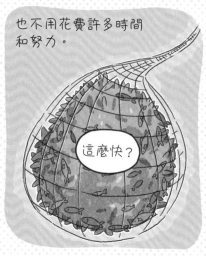

不僅有自己需要的有用資訊，甚至連捏造或扭曲的資訊
也統統在裡面。

想從中挑出真實資訊並不容易。

哎呀，這些什麼
時候才挑得完……

真實資訊　虛假資訊

閱讀新資訊並判斷
真假需要很多精力。

都沒有可以
吃的……唉唷，
好餓喔……

虛假資訊　　真實資訊

最後，疲憊的大腦只會接受
和已知事實相似的資訊。

算了，不管了，先把
紅色的都裝進去再說！

因為這麼做更加輕鬆又簡單。

早該這麼做了！
立刻就完成了～

♪ ♪

這就是想走捷徑，最後卻掉進所謂的「確認偏誤」陷阱之中。

為什麼要小心避免掉進確認偏誤的陷阱裡呢？

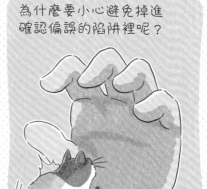

因為一旦掉進去，就很難擺脫。

如果總是挑選自己喜歡的、容易接受的資訊，久而久之就會從挖坑的人那裡一直得到類似的資訊，最後便會輕信那些都是真實的。

因為已經習慣了只看自己想看的、只聽自己想聽的，所以也就不會有嘗試走出坑外的想法。

除了葵瓜子，一定還有別的好吃的東西……

……誰說的，才沒有呢！與其出去受罪，還不如留在這裡！

有些人非常了解人們的這種心理，便故意到處設置陷阱，等著我們掉進去。

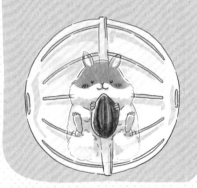

他們會隱藏新資訊，只展示人們熟悉且簡單的資訊。

我們倉鼠非常喜歡吃葵瓜子！

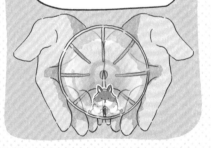

也就是讓我們只專注在一種想法上。

這樣他們自己才能獲取愈來愈多的利益。

反正牠們也不想出來吧？

真是太好了～以後也請一直這麼做！養在倉鼠球裡就好，絕對不能讓牠們出來。

「資訊太多也可能成為毒藥。」

芯理在馬克杯裡裝滿水，在上面放了一條小船模型。當水晃動著彷彿隨時會溢出來時，小船模型也跟著晃來晃去像快沉下去一般。芯理小心翼翼地把杯子貼在嘴脣上，喝下一兩口水。隨著水位的降低，岌岌可危的船也馬上恢復穩定。

「凡事適可而止，就像再怎麼美味的食物吃多了也會拉肚子一樣。」

芯理走到東榮身邊把杯子遞給了他。就在東榮潤潤嗓子之時，芯理將他身上牢牢綁在椅子上的繩索解開，然後把手機還給了東榮。面無表情盯著手機螢幕看的東榮，突然眉頭像被腳踩扁的牛奶盒一樣皺了起來。原來東榮花了一夜的時間觀看、聆聽，並且深信不疑的影片，竟然是「騙你的TV」經營者製作的。

「我連這是假新聞都不知道，像個笨蛋一樣鬧翻天⋯⋯。」
「你也別太自責了，東榮！誰都有可能發生這種事情。」

芯理把手放在東榮的肩膀上。

這雖然是一句安慰的話，但也是不可否認的事實。現在這個時代，任何人都可以輕鬆地製造資訊和看到資訊。不僅可以讓未查證的事件弄得像真的發生過一樣，甚至還可以無中生有。在不知情的情況下，我們每天都會遇上數十、數百則假新聞。

「就是嘛！看東榮這麼深信不疑的樣子，不就代表就算換作是我們，也非常有可能會那樣的嗎？現在這世上，電視裡、電腦裡，連手機裡都充斥著假消息。」

宗代點點頭同意政翰的話。

「是呀，你說的對！我們也不能掉以輕心。」
「芯理，妳一定知道吧？如何避開假新聞，嗯？」

瑞允抓著芯理的手臂晃來晃去。

「有一個最好的方法。」
「什麼方法？」

聽到芯理明確的回答，東榮也抬起頭來，很驚訝竟然有方法可以避開假新聞？芯理正對著四雙閃爍著好奇心的眼睛說：

「那就是聘請律師。」

芯理的話讓政翰皺起眉來。

「律師？我們年紀還小，也沒什麼錢吧？」
「哈哈哈！不是真正的律師，我說的是心靈的辯護人。」

金芯理的心理諮商室

什麼是魔鬼的辯護人？

這是指為了促進討論或探索其他的
選擇餘地，而積極表達反對意見的人，
是避免假新聞最好的方法。

十六世紀羅馬教廷會舉行所謂的「封聖儀式」，這是挑選出
有資格成為殉教者的人，並將他提升為聖人時所舉行的儀
式。封聖資格的認定必須通過辯論，贊成方被稱為「上帝
的辯護人」，反對方則被稱為「魔鬼的辯護人」。

被選為「魔鬼的辯護人」的人不可以有自己的立場，
只能提出反對的意見。

他明明就是個被封聖也不足為奇的人……

不管怎樣，
我還是得反對。

透過這樣的過程來判斷封聖資格
的公正性。

過程不偏不倚，
十分公平。

我認為候選人
沒有資格成為聖人，
理由是……

想成為聖人
就得注意
這些地方……

聖人候選人

同樣地，在自己心裡放一個
魔鬼的辯護人也很重要。

每當要做出決定和判斷
的時候，

終於
輪到我
出場了！

就一定要先問問魔鬼的辯護人的意見。

嗯……這件事因為這樣不行，那件事因為那樣不行……

保持客觀比什麼都重要。

聽了辯護人的話，好像真的是那樣……

若沒有這麼做就容易掉進確認偏誤的陷阱，就像愚蠢地以為貓不存在的老鼠般，不知何時就會成為盤中飧。

這裡絕～對沒有貓！請相信我的話！

呵呵呵……愚蠢的老鼠們！

真的嗎？我就相信你了唷？

「所以你沒必要為了自己被假新聞欺騙而自責，因為再聰明的人也隨時有可能掉入陷阱裡。」

芯理一隻腳踏上桌子，一隻手掌砰砰地拍著自己的胸口說。

「當然，除了我這個世界上最厲害的金芯理！」

呃，就知道她會這樣！看到芯理自誇的可愛模樣，宗代也笑著抬槓。

「芯理，妳是世界上最厲害的人這件事難道不是確認偏誤嗎？」

「對，對。明明就有很多證據證明妳不是，妳只挑好話聽，對吧？」

「什麼？你們真的是！」

「哇哈哈，芯理生氣了！快逃！」

就在他們互相說笑的時候，突然察覺窗外烏雲密布，五個人的手機同時發出響亮的「叮鈴」聲。戲弄了芯理後開心地逃跑的宗代和政翰紛紛停下來確認簡訊內容，瑞允、芯理、東榮也一樣。在大家都在的群組聊天室裡，有人分享了一則報導。

什麼？C君在學期間曾霸凌同學？

聽說還有證人？

說是同校同學，那應該是真的吧！

看不出來是那種人，真可怕。

　　看到報導的同學們接二連三地發表意見，從原本「聽說他曾經霸凌同學。」的猜測句，不到幾分鐘就變成了「他不僅霸凌同學，還搶走了錢！」的肯定句。親眼看著這一幕的宗代沉重地問：

「這個該不會也是假新聞吧？」

政翰歪了歪頭，回答宗代的疑問。

「難說喔！東榮看的是『騙你的TV』製作的影片，但這個是新聞報導，那應該是真的吧。」
「我上網查了一下，好像電視新聞也有報導，那就一定是真的囉？」

瑞允以肯定的眼神看著芯理。芯理淺淺地嘆了一口氣，並向他們展示出自己的手機畫面，四個人的目光都集中在芯理的指尖上。

「看好囉！雖然這則消息出現在電視新聞報導中，卻不是來自完全值得信賴的新聞媒體，上傳到群組聊天室的網路報導也一樣。」

芯理指尖所指的地方寫著「OHJ」，是一家平素以報導偏差新聞出名的電視台，已經因為報導來歷不明的網路謠言來提高收視率的問題，被警告過好多次。

「新聞報導不一定全都是真的，要看消息來源和是不是值得信賴的人寫的報導來決定，而且還要以批判的態度觀察內容所主張的立場會不會太過偏頗。」

聽了芯理的話，四個人都一副頭痛的樣子搖了搖頭。他們感到十分茫然，因為不只是上傳到「NoTube」上的影片，連在閱讀網路上的新聞報導時也要有正確的判斷。而且，居然連穿著正裝、咬字清晰地傳達消息的播報員的話也不可信賴，那這世界上還存在值得信賴的資訊嗎？四個人都開始懷疑。就在這時，東榮猛然從位子上站了起來，椅子摩擦地面發出尖銳的聲音，包括芯理在內的四個人都驚訝地看著東榮。

「這個時候我們不該坐以待斃，要趕緊把避開假新聞的方法告訴其他同學。再這樣下去，大家都會被假新聞給迷惑了！就像我之前那樣。」

東榮的發言，芯理、宗代、瑞允、政翰都點了點頭，因為東榮的話中充滿了力量，甚至連他握緊的拳頭看起來也是大義凜然的樣子。

「好，東榮說得對。從現在起掃蕩假新聞大作戰，開始！」

開始！異口同聲喊口號的四個人開始向群組聊天室發送訊息。

同學們，不要隨便相信
未經證實的消息！

沒錯，也不可以任意散播。

聽說不只是製造
那種假新聞的人，
連散播的人也會受到懲罰耶？

是呀，所以要稍微等等，先確定是不是真的再說。

　　就在有愈來愈多的同學懷疑「他們該不會是那個偶像團體的粉絲才偏袒那個人的吧？」的時候，群組聊天室裡又分享了另一則消息。

C君霸凌的說法毫無根據，據悉是競爭對手
偶像團體的粉絲俱樂部編造的……
所屬經紀公司預告
將針對惡性謠言採取「法律措施」
── 經紀公司總經理D某堅決表示「絕不姑息」並要求道歉……

xx.xx.xx. ★★★記者　　　　　　　　　　時事新聞

從此以後，群組聊天室裡多了一項規定——「不可以分享未經證實的訊息」。於是，同學們的好奇心從不認識的藝人轉移到彼此身上，他們開始好奇對方昨晚做了什麼、周末去了哪裡、最近對什麼感興趣等等。

東榮也忙著回答好友們的連環問題。當東榮正在認真說明自己最近玩得最開心的遊戲時，突然看向「公告視窗」。芯理被圈在圓圈裡的臉龐看起來似乎比平時更開朗，東榮也跟著笑了起來。在口耳相傳中愈滾愈大的謠言不再出現的位置上，綻放出一個又一個美好的笑容。

金芯理

第5章
為什麼我對
稱讚深感壓力？

小雪和
小燦的故事

　　小雪伸懶腰打了一個哈欠，因為剛吃完午飯，有點懶洋洋的，輕拂過晴朗天空的涼風更加深了小雪的睡意。就在小雪的眼皮沉重得快要睜不開的時候，教室前門被用力打了開來，班長宣鎬大喊說：

「同學們，老師說下節課改上體育！大家到操場集合。」

　　宣鎬話一說完，同學們就開始騷動起來，有人抱怨這麼熱上什麼體育課，有人高興地說快出去打躲避球。在這陣夾雜著慘叫和愉快的聲音裡，小雪趴在書桌上哀號。先不說她本來就討厭體育，更何況還要走出教室到操場上去，真麻煩。這種天氣讓他們自習不就好了，小雪嘀嘀咕咕地走向操場。

「好，各自暖身，十分鐘後在那邊足球門柱前面集合。」
「是！」

　　老師離開後，班長宣鎬補上老師的位置，班上同學跟著「一、二、三、四！」的口令聲有條不紊地做體操。趁機溜掉的小雪飛快地躲到建築物的後面去。

「這裡應該不會有人吧？」

小雪前往的是操場對面的花園，那裡原本一直作為學生的休憩空間使用，但自從發現被壞學生當成祕密基地之後，從去年開始就被封閉了。小雪穿過空無一人的花圃，四處張望著。

「我記得這附近有張長椅……。」

就在小雪一邊回想一邊尋找可以躺下的地方時，耳邊傳來可疑的說話聲。小雪以為是自己的錯覺，挖了挖耳朵，但嗡嗡的說話聲還在。該不會是壞學生聚在一起吧？小雪沒來由地感到好奇，從轉角處稍微探出頭來。

「……咦？！是你呀！」
「哇啊！嚇了我一跳！」

蹲在花圃前面的人是小燦。小燦也因為小雪突然冒出來露出滿臉驚嚇的表情，甚至嚇到忘了地上全是泥土，一屁股坐了下去。看著小燦這模樣，小雪伸出手來。

「在這裡做什麼？該不會你也翹課了吧？」
「什麼翹課呀……才不是好嗎？」
「那你在幹嘛？」

　　小燦拉著小雪的手站了起來，臉上露出尷尬的表情，要不要說呢？小燦就像金魚一樣嘴張了又合，最後用手指了指自己背後。

「我在、我在打理菜園，不行嗎！」
「菜園？」

　　小雪的目光轉向小燦背後，那裡一排一排地種了好幾種農作物。小花和小樹的前面還插著一塊牌子，上面寫著歪歪扭扭的字。光看葉子和花瓣油油亮亮的樣子，就知道花了很多時間照顧。

「我以為是什麼有趣的事情呢，真無聊。」

剛才還很好奇的小雪一下子就失去了興趣，她一向對花花草草之類的東西一點興趣也沒有。同住的外婆每次看到花朵欣欣向榮的模樣，就會說心情真好，但小雪從不理解。不就是花嗎、不就是樹嗎？有什麼了不起的！小雪不以為然的眼神，即使不說也看得出來，小燦霍地轉過頭來說：

「妳不要瞧不起，這是一件很有意思的事情」

在小燦眼中，花草樹木比這世上任何事物都美麗，甚至比蹦蹦跳跳的毛茸茸小狗，或冒冒失失撞過來的同學來得更好。只要自己付出心力就能看到花草樹木茂盛生長的模樣，這讓他感到心滿意足。因為一分耕耘一分收穫的道理，小燦不是從學業或人際關係上，而是從小花小樹身上看到的。每當他深有所感時，他就會更用心地照料小花小樹。

「但是你朋友去哪裡了？」

「什麼朋友？」

聽到四處張望的小雪這麼問，小燦露出驚訝的表情。自習時間他一直是一個人在這裡，哪來的朋友？

「我剛才在那裡有聽到你和什麼人在說話，難道你不是和朋友在一起？」

「啊？哦，那個呀……。」

聽到小雪的問話，小燦遲了一步才發出驚呼聲。我說的話該不會都被她聽到了吧？尷尬如潮水般湧來，小燦耳朵都紅了。也不能說是和鬼在對話，小燦只好緊閉雙眼回答說：

「不、不是朋友……我在和這株小番茄講話。」

和小番茄講話？小燦的回答讓小雪忍不住捧腹大笑。光是精心照料小花小樹就足以讓人覺得他是怪咖了，還和它們說話咧！這傢伙還滿特別的，和乖乖的外表不一樣。小雪一邊在心裡這麼想著，一邊又滿臉笑意地問：

「你還真搞笑耶？那你和小番茄說什麼？」

「那個嗎，沒什麼啦……就是叫它要快快長大，不要生病，漂漂亮亮地長大。」

「何必徒廢脣舌講那些？小番茄又沒長耳朵。」

「你就別做這些沒用的事情啦，也來睡個午覺吧！」小雪一副受不了的神情搖著頭說。突然對面傳來熟悉的聲音。

「這可不是沒用的事情喔！」

小雪和小燦的視線不約而同地往上移。

不知道從什麼時候就已經在那裡的芯理，輕鬆地從跨坐的銅像上跳下來。

「嚇死人了！芯理妳也蹺課啦？」
「哼，亂講，我才不是翹課呢，我是為了教導你們才親自出馬的。」

　　芯理一副不以為然的語氣回答小雪的問題。隨著芯理每走一步，小燦就擔心著她會不會不小心踩到自己的花，同時也反問：

「妳要教我們什麼？」
「小雪剛才不是說稱讚小番茄是沒用的事情嗎？」

　　是呀！小雪點點頭。

「小番茄看起來像是聽不到聲音，其實不然。如果稱讚它們『好好長大喔！』，實際上真的會愈長愈好的。」

　　小雪雙臂抱胸，對芯理的話很不服氣。從她抿成「一」字的嘴型來看，明顯就是不相信。

「真是的，亂說什麼。科學老師說植物只需要陽光、水和泥土就可以生存，植物生長的必要條件中並沒有『稱讚』之類的東西。」

「妳說的是『必要條件』，而稱讚則有助於植物的生長，就像人即使吃了飯，還要補充保健食品一樣，這在心理學上稱為畢馬龍效應。」

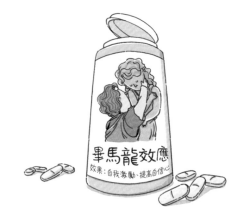

畢馬龍效應
效果：自我激勵、提高自信心

金芯理的心理諮商室

什麼是畢馬龍神話？

希臘神話中，雕刻家畢馬龍愛上了
自己創作的雕像，在他的虔誠祈禱下，
雕像變成了真人，和畢馬龍結為夫妻。

畢馬龍是希臘時代的雕刻家，他到了適婚年齡必須找個妻子，
但他卻一再拖延。他見過了所有號稱漂亮的女人，
卻都不太滿意。

第7207個女人
也不怎樣……

最後，他決定親自雕刻自己的理想情人。

他埋頭苦幹，一心一意要雕出理想情人。

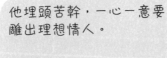

不知道過了多久，當雕像完成時，畢馬龍忍不住讚嘆。

他覺得世上最美麗的女人就站在自己眼前。

她是如此的完美，看起來就像真人一般栩栩如生。

清澈的眼睛、挺直的鼻梁、完美的比例！

儘管這是畢馬龍自己的創作，但真的太美了。

這是我畢生的傑作！

畢馬龍每天都看著雕像不停讚嘆，終於有一天他發現自己愛上了這座雕像。

真的好美！

噢噢，這就是我的理想情人，完美無缺！

他不僅為雕像穿上衣服，還為她戴上首飾。

來，穿衣服～項鍊也戴上吧？

夜裡，他讓雕像枕著自己的手臂一起睡覺。

睡吧，我的愛人。晚安！

然後有一天，希臘舉行了紀念愛神阿芙蘿黛蒂的慶典。

人們紛紛湧到阿芙蘿黛蒂的神殿前。

聽說在神殿前獻上祭品許願的話，願望就能實現。

女神，請實現我的願望。

畢馬龍聽到了這個傳聞之後，也準備了豐盛的祭品獻上，並虔誠地祈求。

我也得趕、趕緊去許、許願。唉唷喂！重死了！

他祈求女神讓雕像成為自己真正的妻子。

請讓她變成真人和我結婚。

許願之後，畢馬龍就回家了。

呼，好累……

他像往常一樣親了親雕像的臉頰。

親愛的，我回來了。啾啾啾。

不過，他卻從一向冰冷的雕像臉頰上感受到溫度。

……咦？怎麼這麼溫暖？

畢馬龍驚訝地看著雕像。哎呀，這是怎麼一回事，雕像竟然變成真人了！

怎、怎麼回事，天呀……

真、真的……變成人了？！

原來是阿芙蘿黛蒂聽到了畢馬龍的虔誠祈求，讓雕像變成了真人。

既然獻上了祭品，就該實現你的願望～

一定是女神聽到了我懇切的祈求！謝謝您，真的太感謝了……

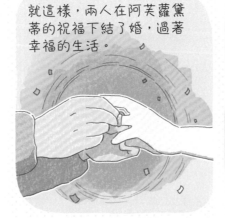

就這樣，兩人在阿芙蘿黛蒂的祝福下結了婚，過著幸福的生活。

畢馬龍效應就是以這則神話命名的。

畢馬龍
效應

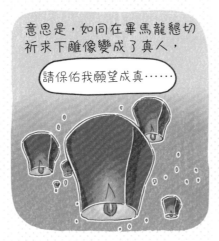

意思是，如同在畢馬龍懇切祈求下雕像變成了真人，

請保佑我願望成真……

只要我們真心希望和期待，願望一定會實現。

「哇，真是個有趣又神奇的故事！」

　　小燦讚嘆完低頭看了看自己腳下，望著才勉強長到自己小腿高的小番茄植株浮想聯翩。他想像著小番茄吃了自己的稱讚後飛快地向上生長，最後捅破了天。當他想到一株長得像大象般高的植株莖葉上掛滿小番茄的場景時，自己就忍不住笑了出來。

　　「我只是希望小番茄好好長大才跟它們說話的，沒想到實際上真的會起作用。」

　　結束愉快的想像後，小燦斜斜地拿著噴壺，清涼的水流均勻地潤濕了綠葉和堅硬的土地。

　　「原來我所做的一切並非毫無用處呀！」
　　「是呀，人也是一樣，經常稱讚的話，對方就會做得愈來愈好。怎麼說呢？就像魔法咒語一樣吧？」

　　芯理手指轉著圈圈，像是在施展魔法一樣，總覺得彷彿有亮晶晶的粉末從芯理的指尖落下來似的。這麼融洽的氣氛卻突然被小雪嗤之以鼻的聲音打破，小雪不僅發出「哼！」的聲音，還嘟起了嘴。

「我才不相信呢，那種騙人的神話故事誰會相信。」

小雪知道，大部分的神話都是虛構的，就像盤古開天闢地，或是女媧用泥巴造人等等。拿這種人們編造的故事當例子，根本靠不住。

「妳總得拿出一些肉眼看得見的科學證據來呀，證據！」
「科學證據嗎……。」

面對小雪的追問，芯理撓了撓頭，想說服像小雪這樣有邏輯的孩子，需要比神話故事更確實的東西。芯理在腦海把以前讀過的心理學書籍嘩啦啦地翻了一遍，記得裡面有一項實驗和畢馬龍效應有關……。

「啊，有了！找到證據了！」

腦海裡翻著的書停在了某一頁上。聽到芯理這麼喊，小雪似乎也被挑起了好奇心，睜大眼睛問：

「是什麼？」
「我介紹一位博士給妳，一次就能解開妳的疑惑，他就是羅森塔爾！」

金芯理的心理諮商室

什麼是羅森塔爾效應？

這是指因正向的期待或關心
使得結果變好的現象，
譬如做事效率提高或學習成績變好等。

心理學家羅森塔爾在 1968 年於某所小學進行了實驗，
因為他想知道只靠稱讚或期待是否真能提高學生們的
學習成績。

嗯，究竟……

他做的第一件事就是針對
100 名學生進行智力測驗。

好，現在
開始進行測試。

結果當然是聰明的學生和
不那麼聰明的學生參半。

羅森塔爾沒有按照測驗結果，而是隨機挑出20名學生，然後把名字寫在紙上交給老師說：

隨便挑吧～

這是小朋友們的智力測驗結果。

這些學生的智商都很高，未來發展無可限量！請多多照顧他們～

隨著時間的過去，這個學年度結束時，羅森塔爾又再度來到這所學校。

然後又進行了一次當初做過的智力測驗，還是以之前的那100名學生為對象。

測試結果怎麼樣呢？嚇得羅森塔爾差點下巴都要掉下來了！

哇，天哪，這怎麼可能？

隨機選出的那20名學生智商變高了，在這一年期間學校成績也大幅提升。

因為老師們聽了羅森塔爾的話，真的以為這些孩子很聰明。

喔，意思是他們很聰明對吧……？

所以不斷地稱讚他們、鼓勵他們。

這次很可惜只考了50分，下次一定會考得更好，對吧？

這次太緊張了嗎……？

孩子們為了不辜負老師的期待，更加努力用功。

啊？喔，對！我會的。

嗯，既然老師說我會考得更好……！

總而言之，學習的好壞與智商無關，多多稱讚就能有好成績。

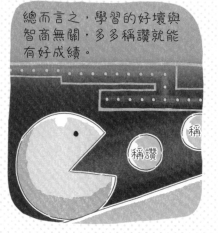

稱讚

稱

「啊，就像韓國俗語說的，稱讚能讓海豚跳舞！」

小燦在原地蹦蹦跳跳，就像是海豚躍出水面一樣。看他這樣子，芯理也跟著輕輕搖擺身體。

「沒錯！人只要受到稱讚，就會不知不覺地變得更有自信，而且為了不辜負對方的期待，也會努力做出更好的表現。」

　　小雪在一旁聽著兩人一搭一唱的，不屑地噥了一聲。「少來了，海豚怎麼會跳舞？」正嘟著嘴諷刺他們不可理喻的小雪，突然回想起了一件事情。之前學校為了準備運動會，每天都像在打仗一樣，小雪班上為了選拔出參加各項競賽的選手，同學們之間也發生了爭執。躲避球、籃球、拔河、丟沙包等最受歡迎的項目都選拔完畢後，最後就只剩下一項，那就是運動會的重點項目——大隊接力。

　　大隊接力第一棒、第二棒跑者的選拔很順利，但問題在於最後一棒跑者。事實上，決定勝負關鍵的最後一棒跑者壓力會很大，所以大家開始互相推諉。有的說自己要參加其他項目，有的說自己跑得很慢，或不久前腳踝扭傷了等等，各式各樣藉

口紛紛出籠。出乎意料之外的是，有人趁機推薦了小雪。當小雪聽到同學們喊出自己的名字時，她用半夢半醒的聲音反問：

「我！你們要我做什麼？」
「大隊接力！小雪妳不是跑得很快嗎？」

　　還沒完全清醒過來的小雪一下子繃緊敏感的神經，同學們為了準備運動會吵吵鬧鬧的已經夠煩了，現在還要叫她去參加大隊接力？一股難以言喻的煩躁感湧上心頭。就在她正想脫口喊出「我才不要，你們自己開心玩就好！」的時候。

「對，對！小雪跑得很快。」
「對吧？上次體育課看到，我還嚇了一跳。」
「我也嚇了一跳，看她每天都在睡覺，沒想到居然能夠跑得那麼快。」

　　同學們異口同聲地開始稱讚小雪。面對同學們的稱讚，她不忍心當著大家的面拒絕，最後只好回答「好吧！」。運動會開始之後，在比賽即將開始的那瞬間也是一樣，當同學們呼喊自己的名字，開始為她加油時，小雪感到有一股力量注入了自己的雙腿。往常的運動會無聊到她逃都來不及了，但這次她背負著同學們的期待，認真地往前跑，發揮出平時的100％，不，120％的力量，最後當然是獲得了冠軍。

「……好吧，我承認稱讚是有效的。」

　　猶新的記憶讓小雪不得不舉起白旗投降，但自己的經驗就只是經驗罷了，不能視為「真理」。

　　「但是芯理，妳也知道吧，稱讚不是萬能的。如果凡事都能如願以償，那世上為什麼還會發生不幸的事情？」

　　聽到小雪的反駁，芯理老實地點點頭。

「是呀，妳說得對！稱讚和期待固然具有好的力量，但如果僅僅指望這個力量，說不定會惹上大麻煩。」

「這話什麼意思呀？怎麼會惹上大麻煩呢？」

就在芯理一臉嚴肅地回答之後，小燦反問。

「就像有正面就有背面、有太陽就有月亮一樣，稱讚也有優點和缺點的意思。」

金芯理的心理諮商室

稱讚的優缺點是什麼？

稱讚可以激勵一個人，也會為他帶來自信。
但相反地，也有可能造成一個人的不安和負擔，
深怕自己無法滿足對方的期待。

稱讚就像藥物。

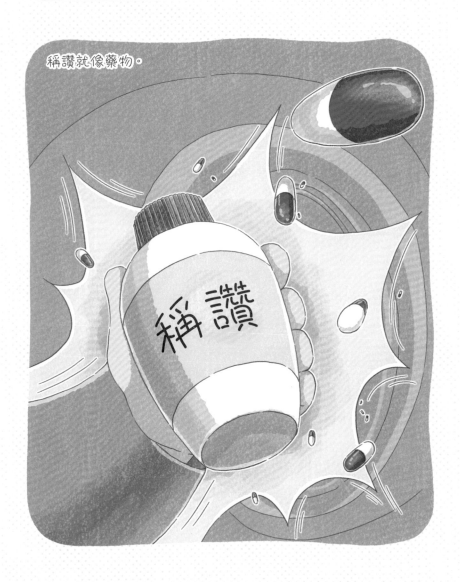

當我們不舒服和難受時，適當服用藥物很有幫助。

一天一粒？嗯，那我一天吃兩粒好了！

※一天一粒

但是服藥過量或吃錯藥，反而會傷害身體。

嗯，好難受喔……早知道吃一粒就好……

稱讚也是一樣，隨便亂稱讚，說不定會引發嚴重的副作用。

※一天一粒※
一天吃一粒就好，吃兩粒就糟糕了!!

那就是對「稱讚」上癮。

不是呀，我不覺得不對勁，還挺不錯的樣子……不然再多吃一粒看看……？

這麼快就沒了……還有嗎？

於是便會逃避無法得到稱讚的困難工作，只嘗試能得到稱讚的簡單工作。

唉唷……這太難了，我做不到……

我只想成為一架紙飛機！

為了不辜負對方的期待而深感壓力。

就有可能犯下意料之外的負面行為。

你真聰明～
是天才呀，天才！
以後也一樣
會有好成績吧？

我必須要很聰明才行，
不可以讓媽媽失望⋯⋯

為了防止稱讚像這樣變成有害的毒藥，最重要的是必須努力擺脫想得到他人讚賞或認同的想法。

我可以變成
任何形狀！

啊、啊啊啊！

若只按照某人的期待生活，那就有可能會不幸福。

因為你的幸福標準不是由自己，而是由別人決定。

唉唷，
好悶喔⋯⋯

四方形也
很合適耶～

是呀，看起來
更好！

是嗎⋯⋯？看來
繼續關在這裡面
沒有什麼不好的
樣子⋯⋯

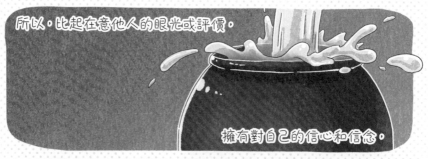

所以，比起在意他人的眼光或評價，

擁有對自己的信心和信念，

才能更穩定地維持幸福。

自信感

不要害怕得不到他人的認同
而焦慮或難過。

他在裡頭裝滿
水要幹嘛？

真是個
奇怪的人！

那樣做也
沒用。

要相信自己才能朝著更遠大的目標邁進。

我有能力在
這個大甕裡裝滿水，
就有能力做好
其他的事情！

「話說，我剛才講的那個畢馬龍的故事。」

「妳是說把雕像變成人的那個男的嗎？」

「嗯，對！在故事裡畢馬龍感受了什麼樣的情感？」

小雪一副理所當然的表情回答芯理的問題。

「那當然是幸福囉！雕像如自己所願變成了真人。」

小燦也點頭表示贊同，如果他的小番茄植株長得像豌豆樹那麼大的話，也一定會感到無比的幸福。光是想像這個場景就這麼開心了，如果真的美夢成真的話，那就更不用說了。聽完兩人的回答，芯理又拋出另一個問題。

「那你們覺得雕像的感受呢？」

小燦不敢輕易地回答，小雪也沉浸在思緒裡，她又想起那時背負著同學們的期待在操場奔跑的情景。雖然得到了冠軍，在大家的歡呼聲中結束了比賽，但當時小雪並不覺得高興。比起拿到冠軍的滿足感，更多的是幸好沒讓同學們失望，滿足了他們的期待的安心感。當小雪理解了那天自己的心情之後，她緩緩開口說：

「她或許會為了能讓某個人幸福而感到高興，但是……我想她也可能會覺得很有壓力。因為她必須為了滿足對方的期待而努力。而且也應該會擔心萬一辜負了這份期待，會不會讓對方很失望。」

「嗯，沒錯！雕像並不是出於自己的意願變成人的，所以我們不知道她是不是也像畢馬龍一樣快樂，說不定她更喜歡作為一座雕像。」

　　小燦被兩人的話嚇了一跳，比起學習，自己更熱中於打理菜園的原因也在此。小燦難以承擔父母的期望，做一個乖巧、聰明、聽話的兒子固然好，但偶爾也有力不從心的時候。再加上才考砸了一次就被父母責怪「小燦，你怎麼可以這樣？」，從此以後他的壓力就更大了。為了逃離這種壓力，他選擇的地方就是菜園。只要一看到對自己沒有任何期待，也不指望自己任何事的小番茄，他的心情就會平靜下來。但是自己竟然像父母那樣對小番茄有過多的期待，小燦忍不住嘆了一口氣。

「那就真的糟了……。」

聽到小燦的自言自語，芯理問「什麼糟了？」。蹲在小番茄前面的小燦淚眼汪汪地回答：

「我的小番茄如果因為我長成怪模怪樣的話怎麼辦？我一直跟它們說不要生病，要好好長大。要是這些話變成壓力的話，那該怎麼辦？」

小燦縮成一團，彷彿恨不得在地上挖個洞鑽進去，他本來就細瘦的肩膀整個蜷縮起來。看著這一幕的芯理走到小燦身邊，輕輕地拍了拍小燦瘦骨嶙峋的肩膀。

「哼哼，我不只懂人類的心理，也對植物的心理瞭若指掌。小番茄也明白你的心意，所以不用擔心。」

小燦聽了芯理的話微微抬起頭來。

「……真的？」
「那當然！你看，小番茄也贊同我的話，葉子在晃動呢！」

芯理指著小番茄的葉子。不知從何處吹來一陣微風，葉子真的在晃動。

又不是幼稚園小朋友，誰會相信這種話？小雪低下頭看著小燦的後腦勺，心想「不會吧？」。不知道小燦是否知道小雪在想什麼，但他馬上一臉開心地回答：

「哇啊，真的，好像在點頭耶？」

看著小燦一臉燦爛的笑容，小雪不禁瞠目結舌，搞不懂小燦他到底是太天真呢，還是太單純？芯理看到小燦這模樣，也嗯嗯兩聲強忍著快爆出的笑聲。就在這個時候。

突然聽到自己的名字，小燦瞠大了眼睛滿腹狐疑「我沒聽錯吧？」。就像要洗刷所有的懷疑一般，這次傳來的聲音更大聲，也更清楚。

小燦回過頭來看，小雪和芯理也一臉茫然地四處張望。小燦逐一掃視教室大樓上的窗戶，就在他目光掃到三樓的窗邊時，小燦雙腿發軟，跌坐在地上。

「……芯、芯理，那、那、那上面……。」

小雪和芯理順著小燦的指尖轉過頭看過去，三樓窗戶旁邊，一向以嚴厲著稱的英文老師皺著眉頭站在那裡。

現在不是上課時間嗎？
你們三個聚在那裡做什麼？
還不趕快回自己班上去！

三個人連忙站了起來，怎麼那麼倒楣被在校內散步閒晃的老師看到。小燦在前，小雪和芯理在後緊跟著拔足狂奔，小鏟子、水壺都丟在那裡顧不上了。英文老師看著三人的背影，暗暗嘀咕一句「真傷腦筋！」。三個人不知道是否理解老師的心思，兀自嘻嘻哈哈地跑回教室，只有無法變成像人類一樣擁有兩隻腳的小番茄聽到了所有的嘮叨話。

第6章
悲傷難過的時候
該怎麼辦？

雅馨的故事

　　窗外雨聲淅瀝淅瀝，把雨聲當成搖籃曲正打著瞌睡的芯理，終於敵不過重力的吸引腦袋直往下墜，「砰」的一聲響起，她的額頭撞在了書桌上。芯理跺著腳，發出一聲哀號，平坦的額頭上瞬間腫起了一個包。芯理用手輕輕地揉著額頭，垂下了肩膀。

　　「結業典禮結束了，雨還下個不停……看來今天不會有人來了？」

　　哈～啊，好無聊。一打完哈欠，落在書桌上的灰塵便揚了起來，一片灰濛濛的，惹得芯理鼻尖發癢，忍不住打了個噴嚏。芯理拉開椅子，鑽到書桌底下。明明記得簡易掃帚是放在這裡的某個角落，不知道是不是因為剛才撞到頭，一下子想不起來。

　　「這就是所謂的塵土飛揚吧，明明不久前才打掃過的，什麼時候又積得這麼厚了……。」

就在芯理自言自語的時候，她突然被「咿呀！」的開門聲嚇了一跳，反射性地站了起來。但她忘了自己還蹲在書桌底下，理所當然的才剛撞過的頭又撞了一次……。就在芯理抱著頭，痛得全身顫抖的時候，站在門邊的雅瑩一副快哭出來的樣子四處張望。

「……什麼嘛，沒有人在嗎？」

明明門沒關，燈也開著，卻沒看到芯理。難道去洗手間了？就在她這麼想的時候，蹲在書桌底下的芯理終於哀哀叫著鑽了出來。

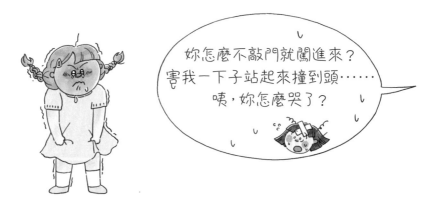

妳怎麼不敲門就闖進來？害我一下子站起來撞到頭……咦，妳怎麼哭了？

芯理正想發洩出來的怒氣看到一張哭喪的臉孔就整個消下去了。不知道是不是因為被芯理看出來了所以難過的情緒更加湧上心頭，雅瑩的眼淚終於奪眶而出。芯理驚慌失措，趕緊跑到門前，拉著雅瑩坐到沙發上，給了她一杯熱茶。雅瑩哭了好一陣子之後，用衛生紙擤了擤鼻子，才勉強開口說話。

「妳也知道，那個……。」

　　如果把雅瑩哭哭啼啼說的話總結起來的話，就是雅瑩有三個要好的朋友，從進了小學以後一直都親密地相處，今年還很湊巧地都分在同一班。得知這個消息的那一天，雅瑩甚至高興地拍著手，因為這就代表自己可以和好朋友們更親密、更頻繁地見到面。但是，這樣的喜悅卻沒能維持多久。人數一多，就開始有了「更親密」和「不那麼親密」的區分，也因此種下了禍根。

　　雅瑩是小團體的中心，但同時也不算是。大家雖然是因為雅瑩而變得更熟悉，但雅瑩上的補習班、喜歡的偶像、回家的方向都和大家不一樣，自然而然就會慢慢遠離小團體。不知道從何時開始，大家開始說一些只有雅瑩聽不懂的話題，周末也三個人到處玩，就是沒找雅瑩一起。也是在這個時候，雅瑩開始懷疑她們是不是撇開自己，另外建立一個新的群組聊天室。

「妳是說，因為好友們撇開妳一起出去玩，所以妳們就吵架了？」

「沒錯。她們怎麼可以那樣對待我？明明都是因為我的關係她們才變熟的。」

　　雅瑩的情緒又激動起來，豆大的眼淚從她的眼中滾滾而下。再這麼哭下去，說不定會哭到脫水，芯理抓了一大把衛生紙塞進雅瑩手心裡。

「冷靜點，冷靜。妳再哭下去，諮商室就要淹水了！」
「我怎麼冷靜得下來，突然之間我就變成一個邊緣人了！」
「我、我來幫妳解決！妳別再哭了！」

聽到芯理這麼說，雅瑩神奇地停止了哭泣，用手背抹去順著軟嫩的臉頰流下來的眼淚，聲音顫抖地問：

「……妳要怎麼幫我解決？」

呼，終於不哭了。芯理鬆了口氣，指著一邊的牆壁說：

「這件事呀，我打算利用那隻蒼蠅。」
「……蒼蠅？」

雅瑩跟著芯理轉過頭去，就看到牆上真的有一隻蒼蠅停在那裡。

嗡

「沒錯，只要妳模仿那隻蒼蠅⋯⋯唉唷！幹嘛打我？！」

　　雅瑩用拳頭擊打著芯理的肩膀，讓芯理反射性地彎下了腰。儘管芯理發出抗議，但雅瑩仍然怒意猶存地又打了她好幾拳。

「妳就是在嘲笑我是邊緣人對吧？叫我像那隻蒼蠅一樣自己隨便找垃圾去，是不是？」
「不是，不是啦！」
「不然是什麼？」

　　雅瑩氣呼呼地瞪著芯理。那氣到滿臉通紅的樣子，就像一頭正要撞樹的犀牛一樣。不知道何時坐到了沙發邊邊的芯理指著自己與雅瑩之間的距離說：

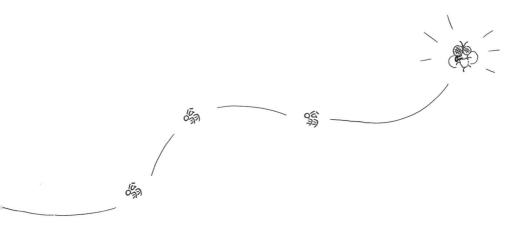

「我的意思是說可以試著保持距離啦！就像在遠處看著我們的那隻蒼蠅一樣。」

金芯理的心理諮商室

什麼是牆上蒼蠅效應?

這是指當一個人遭遇失敗或受到挫折的時候,如果能
客觀地看待自己的處境,就能擺脫負面情緒或想法。
這對雅螢來說是她目前最需要的。

社交距離是指物理上、身體上的距離。

你好!

這也是預防傳染病,保持
健康的方法之一。

呃呃,
好難受……

然而,身體強壯就一定是
健康的人嗎?

那可不一定！身體和心理都要強壯，才算是健康的人。

呼……做給別人看的運動真的很煩……

所以，我們不僅需要社交距離，也需要心理距離。除了身體，我們還要維持心靈與心靈之間的距離，以便事先預防心理的病痛。

保持距離就不會因為彼此碰撞而造成心碎。

※ 請保持距離

雖然和他人保持心理距離很重要，但我們最需要的是
和自己的心靈保持距離。

我們必須像停在牆壁上靜靜地看著一切的蒼蠅一樣，
拉開幾步距離，才能觀察自己的處境。

這樣才有可能作出更客觀和冷靜的判斷，這也等於是在自己的
內心中創造一位審判官。

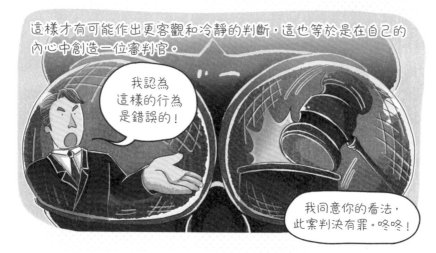

我認為
這樣的行為
是錯誤的！

我同意你的看法，
此案判決有罪。咚咚！

像這樣當在某些事情上遭遇失敗或挫折時，如果能從第三者的角度來觀望的話，就能出現正向的結果，這種現象在心理學上稱為「牆上蒼蠅效應」。

聽完芯理的說明之後，雅瑩陷入了沉思，和自己的心靈保持距離？和眼睛看不見的心靈要怎麼才能夠保持距離？雅瑩不太明白，但她還是想試著成為蒼蠅，從第三者的角度俯視剛才大吵一架的自己和好友們。就像站在方形擂台或寬闊足球場角落裡的裁判一樣，誰對、誰錯，只要一眼就能看得分明。當雅瑩思考這個問題時，芯理站在她身邊揮舞著蒼蠅拍，芯理可沒有要故意表現出沒人上門的樣子喔！只是總不能積了一堆灰塵，還放任蒼蠅在裡頭亂飛吧。揮舞著鮮紅色蒼蠅拍的芯理問雅瑩：

「妳現在了解我為什麼叫妳模仿蒼蠅了吧？」
「嗯，了解了。我連這個都不知道就隨便誤會妳，對不起！」

對於雅瑩的簡短道歉，芯理擺擺手表示沒關係。但是，等等！原本專心打蒼蠅的芯理轉頭看了看雅瑩。雅瑩圓亮的眼睛裡現在沒有眼淚了，而是盈滿了好奇心。

「昆蟲那麼多，為什麼非要選蒼蠅呢？能停留在牆壁上的昆蟲除了蒼蠅之外還有很多呀，像蜘蛛、蚊子、飛蛾等等。」
「這個嘛……。」

芯理從沙發上站了起來，往旁邊走了幾步，然後用蒼蠅拍的尾端轉動掛鐘的分針。

「這得回溯到很久以前，1960 年代的好萊塢。」

「好萊塢？那是什麼？」

芯理想了一下，輕盈地跳到地板上，然後蹲下來在書桌抽屜裡翻找起來。芯理在揚起的灰塵中一邊咳嗽，一邊拿出一個很大的卷軸，放在茶几上展開來。「這不是地圖嗎？」雅瑩伸長了脖子看著這幅地圖，芯理用蒼蠅拍指著遼闊陸地中的一處地方。

「我說的是位於美國洛杉磯西北部的一個被稱為電影中心的地區，『牆上蒼蠅』這個術語就是從好萊塢誕生的。」

金芯理的心理諮商室

什麼是攝影機與觀察者？

拍攝紀錄片時，通常會固定住攝影機
拍攝真實畫面，就像「牆上的蒼蠅」一樣，
從客觀的觀察者角度看待紀錄片裡的事件。

「牆上蒼蠅」這個詞最初並不是心理學，而是電影導演們所使用的術語。電影藝術誕生於 1895 年 12 月 28 日，一直到 1920～1940 年代末期得力於科學技術的發展與大眾對此的興趣，才有了大幅成長。

被藝術家們認為不足掛齒的電影，在數十年之間站穩腳跟，成為最重要的藝術類型之一。

哼，這種東西也配稱為藝術？

喂，要不要去看電影？

嗯，好呀！

什麼？看電影？

然而，隨著經濟上的成功，危機也同時到來。有愈來愈多的人認為電影是一種「賺錢的工具」。

這可以賺錢吧？我也要拍電影，然後成為更有錢的富豪！

於是拍出來的電影全都是由相同的演員主演，內容也都一樣。

這些是不是同一部電影呀？

因為這是投資成本最少、賺取利潤最多的方法。

導演，我們要開拍新的作品，要不要寫一個新的劇本？

把之前拍過的東西改個名字照著拍就行～

在這過程中電影的內容變得愈來愈刺激和煽情。

可是，導演，我覺得結局都一樣可能行不通……

那不然要怎樣，不然讓主角之一死掉算了！

為了不讓觀眾們對相似的內容感到厭煩，電影公司只好出此下策。在這樣的潮流之中，便有不少導演提出了問題。

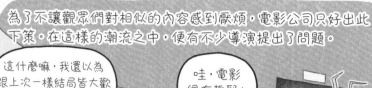

這什麼嘛，我還以為跟上次一樣結局皆大歡喜，怎麼突然死掉了？

哇，電影很有趣耶！

藝術就這樣被毀掉了……不可原諒……

換句話說，當時已經不容許導演們繼續拍攝讓觀眾困惑的電影了。

每部都大同小異，我已經看膩了！膩了！

爛電影╳

不要再拍爛電影！不要再拍了！

於是就有人主張，比起勉強編造的故事，觀察我們自身的真實面貌更重要。

太假了，沒什麼看頭……還是天然的最好！

他們不會故意製造情境或指示演員演戲，而是拍攝真實的現狀。

劇本？不需要！演員？也不需要！

我要如實捕捉這一瞬間。

○○劇本

他們採用的方法就是把攝影機固定在一側。當時身為美國電影導演的梅索斯兄弟將之形容為「牆上的蒼蠅」。

從此以後「牆上蒼蠅」就被用來指暗中觀察的人。

「哇呀，竟然是電影導演最先使用的術語。」

雅瑩忍不住讚嘆，還以為芯理只是聰明而已，沒想到連這種事情也了解得那麼透徹。

「好，那我們也來當一次蒼蠅吧？」

芯理從椅子上站起來，調皮地張開雙臂做出飛來飛去的樣子。那模樣太搞笑了，惹得雅瑩捧腹大笑。芯理就著這模樣飛到書桌底下，乒乒乒乓了好一陣子之後，把雙手伸到書桌上來。

「這不是玩偶嗎？」

芯理的手上各戴著一個玩偶，左手是貓咪、右手是兔子。兔子的眼睛又大又亮，隱約有點像雅瑩。芯理使勁地晃動戴著兔子玩偶的右手，還不忘配合動作，從書桌下發出細嫩的聲音。

「喂！妳們怎麼可以撇開我自己玩？不覺得太過分了嗎？」

一聽到這熟悉的台詞，雅瑩的肩膀抖了一下。這次芯理一邊晃動左邊的玩偶，一邊說：

「妳幹嘛為了這點小事發脾氣！又沒人規定一定要和妳一起玩，不是嗎？」
「要有規定才和我玩嗎？我們是好朋友，本來就應該一起玩！」
「妳回家的方向跟我們又不一樣！補習班也不一樣，喜歡的偶像也不一樣！沒有共通的話題，太無趣了！」

即使這些話是玩偶說的，雅瑩卻感覺心裡被劃出一道又長又細的傷口。兔子玩偶明明在笑，看起來卻像哭喪著臉。生氣的兔子玩偶用力地推了貓咪玩偶一下。

「妳的意思是那就不要當朋友了是吧？反正妳們又不跟我一起玩！從現在開始，絕交！我不和妳做朋友了！」

這齣無聊的玩偶劇就以兔子玩偶氣呼呼地轉身而去告終。芯理脫下戴在手上的玩偶塞在雅瑩懷裡說：

「好了，怎麼樣？變成蒼蠅的感想。」

雅瑩默默地望著放在她膝蓋上的玩偶。

本來以為錯都在貓咪，但從客觀的角度看了之後，才發現並非如此。貓咪因為兔子情緒化的尖銳言詞，應該也受到了不小的傷害。

　　「嗯……我以為我只是坦率地表達自己的心意，現在想想，好像只顧著發脾氣。但是當時我只能那麼做，因為我希望她們明白我有多傷心、多沮喪。」

　　「嗯。我了解。好友們那麼樣做，我也一定會傷心。不過在對話的時候要盡量避免情緒化，如果能平靜能說出自己因為哪些事情而傷心、希望朋友們能怎樣對待自己的話，說不定朋友們也會給予理解。」

　　雅瑩認為坦率就是心中有一把火就必須如實發出來，沒想到這把「火」反而蒙蔽了自己的真實心意。雅瑩無比地希望自己能化身電影導演，把當時的場景重新拍下來。當她在心底喊出「Ready，Action！（準備，開拍）」之後，自己和慧芝的身影就出現了。在想像中，她沒有對慧芝發脾氣，而是有條不紊地說出自己的想法。慧芝想了想以後點點頭，其他好友們也對雅瑩的話表示同意，全都圍了過來抱住雅瑩。「Cut！（停）」，到此為止，結束想像的雅瑩猛然抬起頭來。

「可是，芯理呀，妳不是說『牆上蒼蠅』是電影導演使用的
術語嗎？」

「嗯，對呀！」

「那到底是從什麼時候開始變成心理學術語的？」

「應該不可能是電影導演太過無聊，就寫了一本心理學
書籍吧！」雅瑩的話讓芯理忍不住笑了出來。芯理把剛才戴在
手上的玩偶又拿了起來，然後分別給它們取了名字──阿杜克
和克洛斯。

「這兩個人進行了一項實驗，是有關於怎樣才能盡快擺脫負
面情緒的實驗。」

金芯理的心理諮商室

什麼是第三者視角實驗？

這項實驗告訴我們，在經歷
負面經驗或情緒時，從第三者的視角反思
自己的過程具有治癒心理的效果。

「牆上蒼蠅」這個術語誕生的五十年後，美國的兩位心理學家在進行一項實驗，目的是為了探討同樣經歷了失敗，有些人會因此成長，

嗯……問題就
出在這裡吧……

失敗經驗

↓ Yes

？ → No → 再一次失敗

↓ Yes

成功

但有些人卻接連失敗，
其原因何在？

看來得做個
實驗看看。

於是阿杜克和克洛斯就招募了最近有過負面事件的人，並將他們分成兩組。

招募最近經歷
負面事件的人，
酬金 500 萬韓元

招募實驗參加者～

一組是從失敗中站起來,最後終於獲得成功的人;另一組是因為失敗造成了心理創傷,從此一再受挫的人。

兩個人分別進入房間裡,提出相同的問題。

請回想一下失敗當時的情景。

讓人驚訝的是,兩組的回答完全相反。

一再受挫的人聚焦在當時的「情緒」上,相反地,成功的人則描述當時的「情況」。

那時我非常難過……。我不明白這種事情為何會發生在我身上……

在那種情況下我不得不放棄。想了想原因,也就想通了。

與其著重在情緒導致終日鬱悶哀傷，不如冷靜地分析事件，藉此有更進一步的成長。

因此，即使同樣經歷悲傷或憤怒的事情，也會走向不同的結果。

雖然兩人取得了驚人的實驗成果，卻又陷入另一個煩惱。

唔⋯⋯

他們不知道該怎麼為這個現象命名。

該怎麼命名呢⋯⋯

苦惱許久之後，他們把這種現象命名為「牆上蒼蠅效應」，
於是這個詞就成為了心理學術語之一。

牆上蒼蠅效應！

喔，這個好！

如今，這個方法普遍使用在治療憂鬱症、躁鬱症、
創傷後壓力症候群（PTSD）等心理症狀上。

呵呵……
看來我又得出馬了！

「怎麼樣，現在明白了吧？所以雅瑩，妳也不能因為和朋友們吵架就哭個不停，要從客觀的角度好好觀察情況，那麼一定能找到解決的辦法。」

雅瑩緩緩點頭。怎麼做才算是從客觀的角度來看呢？也沒辦法每次都像芯理那樣演一齣玩偶劇呀。

「要怎麼做才能從第三者的角度觀察我的心靈呢？難道要我隨身攜帶相機，一直拍個不停嗎？就像拍 Vlog 的網路創作者一樣！」

雅瑩高高舉起手機說。沒辦法隨身攜帶監視器，或許用手機每天記錄、觀察自己的日常生活，情況就會變好也說不定。不然的話，難道真的要喬裝成蒼蠅？一直靜靜聽著的芯理搖了搖頭，兩條手臂交叉做出大大的「X」標示。

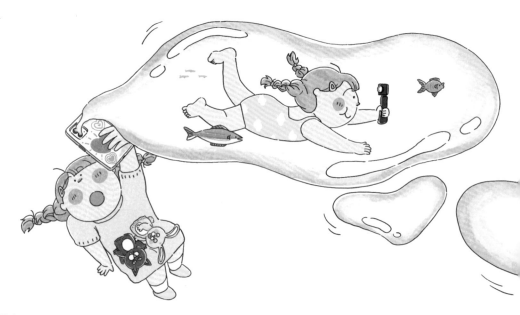

「錯，錯，全都錯！」

芯理用食指指著自己胸口，那上面貼著一顆紅色的心。

「不是用攝影機鏡頭或蒼蠅的眼睛，而是用這裡，也就是心靈的眼睛來看。」
「心靈的眼睛？怎麼看？」
「利用客觀的自我呀！就是我剛才說過的『內心審判官』。」
「那妳說的『自我』到底是什麼？」

對於雅瑩的詢問，芯理拿出了紙和筆，開始在上面寫寫畫畫。

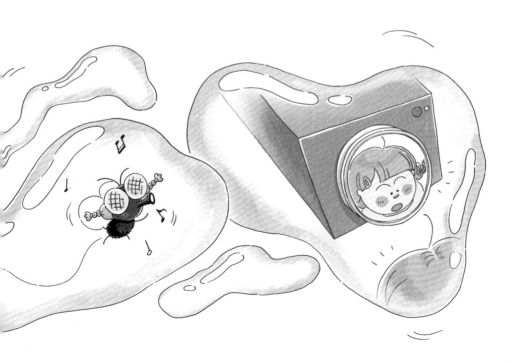

金芯理的心理諮商室

什麼是客觀的自我？

客觀的自我能讓自己用第三者的角度觀察自己。
通過自己的觀察和理解的過程來幫助我們解決生活上的問題。
為了理解內在真實的自我，客觀的自我是不可或缺的。

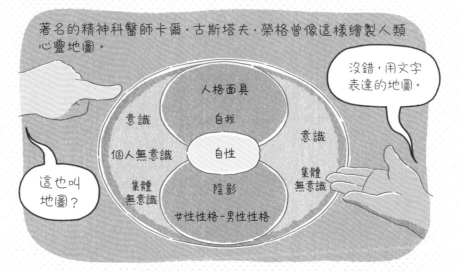

著名的精神科醫師卡爾·古斯塔夫·榮格曾像這樣繪製人類心靈地圖。

沒錯，用文字表達的地圖。

人格面具

意識　　自我

個人無意識　　自性　　意識

集體無意識　　陰影　　集體無意識

女性性格-男性性格

這也叫地圖？

根據榮格的心靈地圖，一個人的內在大致可以分為兩類。

存在於意識中的我 —— 自我。

我能看、能聽、能感覺！

以及存在於意識和無意識之間的我——自性。

也可以說是未來的可能性吧？

自性有部分存在於無意識的領域，所以無法完全看清。

實在認不出來……？

自我則全部存在於意識裡，只要付出努力就可以看得一清二楚。

而幫助我們看清「自我」的就是「客觀的自我」。

我躲在這裡～

有沒有感覺到獨處時的自己，與和朋友或家人相處時的自己有不同的面貌？

或者有沒有發現和好友在一起時的自己，與身處在陌生人之間的自己不一樣？

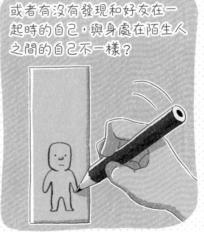

由此可知，人不是只有一個自我。

而是會隨著情況或周圍的人，做出不同的言行。

因此為了掌握內在中的所有自我，進而看清「真正的自己」就需要客觀的自我來協助。

1、2、3…9！

嗯，9個自我都到齊了。啊，對了，連我在內共10個！

在客觀的自我的協助之下觀察自己的處境和情感，不僅可以明確了解自己的想法，還能清楚地看到自己想要的是什麼。

欲望

欲望

想法

想法

「簡單地說，就是在妳心中創造一個『金芯理』啦！遇到困難或挫折的時候，她就可以幫妳看清妳的本意，告訴妳解決的辦法，就像我現在做的一樣。」

「這意思是叫我當自己的心理諮商師嗎？」聽了芯理的話，雅瑩「哇」地一聲表示驚奇，沒想到我也可以像芯理一樣凡事都能輕鬆解決！雅瑩不禁讚嘆，客觀的自我真了不起！

「好了，那就從現在開始試試看。妳去坐在那裡，平心靜氣地重新回想剛才的情況，找出自己真正想要的是什麼。」

芯理指著放在窗戶旁邊的椅子說。椅子背後寫著「思考之椅」，雅瑩走過去，面朝窗外坐了下來。望著烏雲消散的光景，開始回想稍早前的事情，在那種情況下，她想說的是什麼、當時是什麼樣的情緒，以及她應該怎麼做才對。

雅瑩並不是想要發脾氣，只是希望好友們能安慰自己、理解自己。當時要是能向好友們說明自己的這種想法該有多好……。就在火紅的太陽開始把臉掩在小山背後的時候，雅瑩突然發出巨響從椅子上跳了起來。

「芯理，我想我終於得出結論了。」

被椅子拖動的聲音嚇了一跳的芯理，擦了擦口水。剛才大概睡著了吧，她一臉朦朧的表情反問「什麼？」。

「我知道自己內心想要的是什麼了，不管怎樣，我想我應該和朋友們再談一談。」

雅瑩連忙收拾好自己的東西，俐落地背上書包。就在她正打算跑出諮商室的時候，門被打了開來。

「妳們怎麼會來這裡⋯⋯。」

門前站著的就是和雅瑩吵架的好友們。好友們似乎也很驚慌，眼珠滴溜溜地轉個不停。其中長得很像貓咪的慧芝衝著雅瑩厲聲地說：

「我們有事要問芯理。看樣子妳的事已經辦完了吧，還不快走？」

尖銳的話語一字字刺碎雅瑩的心，鋒利的碎片顯露無遺。雅瑩很想把那些碎片丟到慧芝身上，讓她也感受一下自己受到了多麼大的傷害。但是雅瑩真正想要的不是那個，她想要的是和慧芝及其他好友們再次融洽地相處。因此雅瑩用手努力地平復了一下受傷的心情平靜地說：

「沒呀，我的事還沒辦完，我有話跟妳說。」
「……什麼？跟我說？」

雅瑩一步步地走到慧芝面前，慧芝十分驚訝地看著雅瑩。雅瑩的表情和之前不同，顯得非常沉著，慧芝不自覺地吞了一口口水。

「我不是生妳的氣，只是很傷心，覺得妳被別的朋友搶走了，雖然妳可能會認為我很幼稚。」

雅瑩緊緊地壓下又想要掉眼淚的衝動，用力握緊的拳頭就像她的決心一樣，她堅決地告訴自己：絕對不可以在這裡哭出來。

「我想我們關注的焦點不同也是沒辦法的事情，因為我們喜歡的偶像、回家的方向、上的補習班都不一樣，但是我還是有種被冷落的感覺。雖然我也想和妳們一起笑、一起生氣，但我沒辦法做到。」

雅瑩的話讓站在慧芝身後的朋友們都低下了頭。這都是因為雅瑩一向開朗天真，所以她們才沒想到雅瑩會有那種感覺。她們原本覺得雅瑩很小心眼，但換個立場想想，那種情況絕對會讓人感到不快的。

「所以我才會對妳們三個人感到不滿。我應該把我的想法好好跟妳們說清楚，但是我卻當場發起脾氣來，對不起，是我不好。不過，我希望妳們也能考慮一下我的感受。」

雅瑩平心靜氣地說完這番話，慧芝和站在她身後的朋友們都露出複雜的表情。最後還是慧芝打破了這陣沉默，開口說話。

「……雅瑩，我們不是故意要排擠妳。起初我們以為妳會懂，但後來就覺得每件事都要解釋很煩，所以自然而然就很習慣只有我們幾個聊天。」

雅瑩一臉苦澀地點點頭。慧芝趕緊補充說，一直解釋的話，會打斷聊天的節奏……雅瑩勉強笑了一下，心裡雖然能理解，但還是忍不住會難過。

「沒有考慮到妳確實是我們不對，但可能是因為妳先發了脾氣，所以我也在不知不覺中被刺激到了吧。我很抱歉傷了妳的心，也很抱歉沒有理解妳的心情。」

站在慧芝身後的兩個朋友也低聲表達歉意。雅瑩同樣對她們感到抱歉，所以也開口說了聲「我也很抱歉！」，她僵硬的臉上慢慢浮現出笑容。能夠笑臉相對，就足以融化彼此心中的不滿。

四個人站在原地，小指勾著小指，這是為了不再重蹈今天這種事情的覆轍所進行的保證儀式。主要重點是不可以讓人有被冷落的感覺、生氣的時候要用對話來解決、有新消息或有趣的內容要分享在群組聊天室等等。在做完蓋章、複製、壓膜的立約手勢之後，雅瑩看著慧芝問：

「那我們又是朋友囉？」

「嗯，當然！以後要互相關懷、互相理解。」

四個人圍成一個圈攬著彼此的肩膀，用雙手緊緊拉住岌岌可危的友情。自古以來，就沒有不努力還能維持的關係。

「我們走了喔，芯理！」

簡單地道別後，四個人依序走出心理諮商室。就在門要關上的那一瞬間，雅瑩探出頭來，粉紅色的嘴脣上掛著一抹愉快的微笑。

「今天真的謝謝妳，芯理！也謝謝妳在我這裡放了個小小的妳。」

雅瑩就像芯理剛才做的那樣拍拍自己的胸口，然後快步跑到朋友身邊。芯理對著很快就走遠了的雅瑩和她的朋友們揮揮手。

「路上小心，下學期見！」

「嗯，芯理，也祝妳假期愉快！」

　　同學們離開之後，室內一片靜寂。芯理伸了一個大大的懶腰，走到牆壁前面。一拉開簾子，和同學們的合照便一覽無遺，芯理把自己和雅瑩的合照掛在那些令人開心又熟悉的臉孔之間。看著不知不覺間變得密密麻麻沒有一絲空隙的牆面，芯理感到心滿意足。

　　芯理開始澈底清理暫時會鎖上的心理諮商室，撢掉灰塵，清掃地面，打開窗戶讓空氣流通，因為再過不久梅雨季節就要開始了。芯理關掉燈，緊緊地鎖好門。放完假回來以後，又會發生什麼事呢？芯理怦然心動，現在就已經開始期待一個月後的事情了。學生們都已經離開學校，芯理悠然地穿過校園，久違地恢復寧靜的「金芯理的心理諮商室」也慢慢沉睡在深深的黑暗之中。

國家圖書館出版品預行編目（CIP）資料

為什麼我們會這麼做？：用心理學認識自己/
　Little Bear文・圖; 游歆芯譯. -- 初版. --
　臺北市：臺灣東販股份有限公司, 2024.06
　208面 ; 16×23公分
　ISBN 978-626-379-414-6（平裝）

　1.CST: 自我心理學 2.CST: 通俗作品

173.741　　　　　　　　　　113006004

用心理學認識自己
為什麼我們會這麼做？

2024年6月1日初版第一刷發行

文 ・ 圖　Little Bear
譯　　者　游歆芯
特約編輯　柯懿庭
副 主 編　劉皓如
美術編輯　黃瀞瑢
發 行 人　若森稔雄
發 行 所　台灣東販股份有限公司
　　　　　＜地址＞台北市南京東路4段130號2F-1
　　　　　＜電話＞（02）2577-8878
　　　　　＜傳真＞（02）2577-8896
　　　　　＜網址＞http://www.tohan.com.tw
郵撥帳號　1405049-4
法律顧問　蕭雄淋律師
總 經 銷　聯合發行股份有限公司
　　　　　＜電話＞（02）2917-8022